100 Internet-Hit-Rezepte
zum ersten Mal in einem Buch

Copyright © Media Partisans 2018

Media Partisans GmbH
Berliner Str. 89
14467 Potsdam

ISBN: 978-3-9819299-5-9

Du findest uns auf:

www.leckerschmecker.me

Für jedes Rezept gibt es einen QR-Code als Direktlink zum Rezeptvideo.

Seit wir die Seite „Leckerschmecker" im Jahr 2016 auf Facebook gestartet haben, begeistert sie eine stetig wachsende Fangemeinde. Millionen Menschen lieben unsere unkonventionellen, einfachen und leckeren Rezepte, die täglich als Videos im Internet erscheinen. Der Wunsch der Leser nach einem Kochbuch, in dem die besten Rezepte gesammelt sind, wurde immer lauter. Mit diesem Buch haben wir ihren Wunsch erfüllt – und die Auswahl der Rezepte den Fans gleich selbst überlassen: Hier sind die 100 erfolgreichsten Leckerschmecker-Klick-Hits. Von delikaten Snacks über formvollendete Hauptgerichte bis zu traumhaften Desserts ist alles dabei – bloß keine langweilige Alltagskost.

HAUPTGERICHTE

Kartoffel-Bacon-Tarte

Crêpe-Auflauf

Kartoffelpuffer-Rolle

BBQ-Baguette

Döner Kebap

Rouladen-Schichtbraten

Falscher Hase, mal anders

DDR-Jägerschnitzel

Kürbisgnocchi

Beef Wellington mit Spinat

HAUPTGERICHTE

ROULADEN-SCHICHTBRATEN

Zubereitung: ca. 45 Min | Portionen: 10 - 12 | Backen: 160 °C - 2,5 Std

Dafür brauchst du:

11 Scheiben (ca. 3 kg) Rouladenfleisch (Rind) • 5 EL Senf • 7 mittelgroße Zwiebeln • 8 Essiggurken (200 g) •
20 Scheiben Bacon • 300 ml Rotwein • 1 l Brühe • 200 g Karotten • 150 g rote Zwiebeln • 150 g Lauch •
150 g Sellerie • 1 EL Tomatenmark • Salz • Pfeffer • Öl zum Braten • Küchengarn

So geht's:

1. Lege zwei Rouladenscheiben so nebeneinander, dass sie sich teilweise überlappen. Salze und pfeffere sie, bevor du die Oberfläche mit Senf bestreichst. Lege ca. vier Scheiben Bacon nebeneinander darauf. Anschließend belegst du den Bacon möglichst gleichmäßig mit Zwiebeln und danach mit einer Schicht Gurkenscheiben. Klappe das Fleisch nun zuerst an den längeren und dann an den kurzen Seiten nach innen und die erste Schicht ist fertig. Wiederhole das Ganze noch viermal, sodass du insgesamt fünf Schichten hast.

2. Türme eine Fleischlage auf die andere und lege die letzte Rouladenscheibe obendrauf. Binde die Schichten mit Küchengarn zusammen.

3. Als Nächstes brätst du das Fleisch im Bräter von beiden Seiten in heißem Fett an und nimmst es dann heraus.

4. Denselben Bräter kannst du für das Gemüse nehmen: Erhitze zunächst Öl darin und füge nach und nach die grob gewürfelten Karotten, Sellerie, Zwiebeln und Lauch hinzu. Gib dann das Tomatenmark hinzu und vermische es gründlich mit den anderen Zutaten.

5. Lösche alles mit dem Rotwein ab, rühre gut um und lass alles gemeinsam eine Weile köcheln. Zu guter Letzt gießt du noch die Brühe hinein, kochst die Soße etwas ein und legst das Fleisch zurück in den Bräter.

6. Das Ganze kommt nun mit Deckel bei 160 °C für ca. 2,5 Stunden in den Ofen. Wende das Fleisch gelegentlich.

7. Nachdem das Werk den Ofen verlassen hat, passierst du die Soße noch durch ein Sieb und bindest sie nach Bedarf mit Mehl oder Soßenbinder ab.

 Das Rezept als Video: www.leckerschmecker.me/rouladen-schichtbraten/

PASTARÖLLCHEN MIT HACKFLEISCH

🍳 Zubereitung: ca. 30 Min   🍴 Portionen: 6 - 8

♨ Backen: 170 °C - 35 Min

Dafür brauchst du:

700 g Rinderhack • 500 ml Pizzatomaten • 20 vorgekochte Lasagneplatten •
100 g Frischkäse • 120 g geriebenen Mozzarella • 1 gewürfelte Zwiebel •
1 gehackte Knoblauchzehe • 1 geriebene Karotte • 50 ml Olivenöl •
Salz • Pfeffer • eine ofenfeste Pfanne

So geht's:

1. Erhitze das Olivenöl in der ofenfesten Pfanne und brate das Hackfleisch an. Füge Zwiebel, Knoblauch und Karotte hinzu und würze mit Salz und Pfeffer. Zum Schluss rührst du die Tomaten unter die Zutaten. Schöpfe die Hälfte der entstandenen Soße ab und stelle sie beiseite.

2. Viertele die Lasagneplatten und rolle die Viertel zu kleinen Röllchen auf. Diese stellst du aufrecht in die Soße, bis die Pfanne voll ist.

3. Mit einem Teelöffel verteilst du nun die zuvor abgeschöpfte Soße in die Röllchen. Darauf gibst du je einen Klecks Frischkäse. Zum Schluss streust du den Mozzarella darüber und gibst die Pfanne bei 145 °C für 35 Minuten in den Backofen.

 Das Rezept als Video:
www.leckerschmecker.me/pastaroellchen/

DÖNER KEBAP

🍳 Zubereitung: ca. 40 Min (+ Teig 60 Min gehen lassen) 🍴 Portionen: 4 ♨ Backen: Fleisch 175 °C - 35 Min / Brot 190 °C - 25 Min

❄ Gefrieren: ca. 60 Min

Dafür brauchst du:

Fleisch

300 g Kalbsrücken • 200 g Kalbshackfleisch • 1 EL Kreuzkümmel • 1 EL Salz • 1 EL Thymian •
1 EL rosenscharfes Paprikapulver • 1 EL edelsüßes Paprikapulver • 1 EL Rosmarin • 1 EL Pfeffer

Fladenbrot

700 g Mehl • 350 ml warmes Wasser • 10 g Zucker • 1 ½ Päckchen Trockenhefe • 1 Ei • 50 g Butter • 25 ml Öl •
15 g Salz • 1 Eigelb • 1 EL Milch • weißen und schwarzen Sesam

Füllung

Joghurtsoße • Zwiebelringe • Eisbergsalat • Rotkohl • Tomaten • Gurke

So geht's:

1. Mische alle Gewürze für das Fleisch in einem Schälchen. Lege deine Arbeitsfläche mit einem großen Stück Frischhaltefolie aus und lege wiederum darauf die Kalbsrücken-Scheiben so neben- und untereinander, dass in etwa eine Rechteckform entsteht. Streue die Hälfte der Gewürzmischung auf die Scheiben. Darauf drückst du das Kalbshackfleisch flach aus und bestreust es mit der restlichen Gewürzmischung. Rolle das Fleisch mithilfe der Frischhaltefolie fest zusammen und schließe die Enden der Folie. So wird die Rolle 1 Stunde tiefgekühlt. Danach entfernst du die Folie und backst das Fleisch bei 175 °C für 35 Minuten.

2. Halbiere die Fleischrolle nach dem Backen und schneide das Fleisch mit einem scharfen Messer in dünne Streifen.

3. Für das Fladenbrot: Gib das Mehl in eine große Schüssel und drücke eine Mulde in dessen Mitte. Verrühre Wasser, Zucker und Trockenhefe und gib die Mischung in die Mehlmulde. Ohne zu mischen, lässt du die Zutaten 10 Minuten gehen. Nun füge Ei, Butter, Öl und Salz hinzu und mische die Zutaten mit einem Handrührgerät und Knethaken zu einem Teig. Abgedeckt lässt du diesen 1 Stunde gehen. Rolle den Teig danach auf einer bemehlten Arbeitsfläche rund aus. Bestreiche die Oberfläche mit einer Mischung aus Eigelb und Milch. Drücke die Oberfläche mit den Fingerspitzen gleichmäßig ein und streue nun Sesam darauf. Bei 190 °C wird das Fladenbrot 25 Minuten gebacken.

4. Schneide das Fladenbrot in Viertel und diese wiederum zum Befüllen auf. Streiche das Brot mit Joghurtsoße aus und fülle es mit Fleisch und Gemüse.

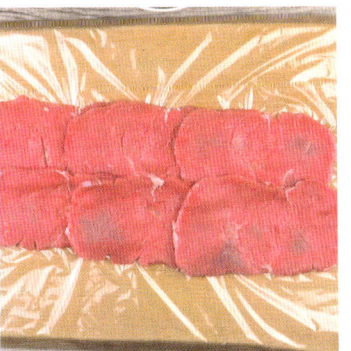

Das Rezept als Video: www.leckerschmecker.me/doener-kebap/

MAKKARONI-AUFLAUF

🍳 *Zubereitung: ca. 20 Min* 🍴 *Portionen: 6 - 8*

📄 *Backen: 160 °C - 60 Min*

Dafür brauchst du:

300 g gekochte Makkaroni • 1 Aubergine • 150 g geriebenen Mozzarella •
12 Scheiben Kochschinken • 6 Eier • 250 ml Sahne • 20 g gehackte Petersilie •
1 gehackte Knoblauchzehe • Salz • Pfeffer

So geht's:

1. Schneide die Aubergine in dicke Scheiben und beriesele sie anschließend mit etwas Salz.

2. Nun legst du die gekochten Makkaroni dreilagig in eine Kastenform. Auf diese legst du eine Schicht aus Auberginen-Scheiben.

3. Jetzt rollst du die Schinkenscheiben zusammen und fertigst daraus eine weitere Schicht. Es folgen nacheinander eine Schicht Makkaroni, Aubergine und Schinken. Den Abschluss bilden weitere Nudeln.

4. Jetzt gibst du Eier, Sahne, Petersilie und Knoblauch in eine Schüssel, salzt und pfefferst die Zutaten gut und mischst sie. Gib die Menge in die Kastenform und streue den Käse obendrauf.

5. Gebacken wird der Auflauf bei 160 °C für 60 Minuten.

 Das Rezept als Video:
www.leckerschmecker.me/makkaroni-auflauf/

FALSCHER HASE, MAL ANDERS

Zubereitung: ca. 15 Min • Portionen: 6 - 8

Backen: 180 °C - 60 Min

Dafür brauchst du:

700 g Hackfleisch • 100 g gewürfelte Zwiebeln • 100 g Semmelbrösel •
120 g Bacon • 200 g Frischkäse • 100 g Scheibenkäse (z.B. Gouda, Emmentaler) •
4 Eier • 2 gehackte Knoblauchzehen • Salz • Pfeffer

So geht's:

1. Mische Hackfleisch, Zwiebel, Semmelbrösel, ein Ei, Knoblauchzehen sowie eine ordentliche Portion Salz und Pfeffer in einer großen Schüssel.

2. Die gesamte Masse gibst du in eine Kastenform. Dabei drückst du eine große Mulde in die Mitte.

3. Diese Mulde legst du zuerst mit Bacon aus, auch an den Rändern, darauf gibst du den Frischkäse.

4. Decke den Frischkäse mit Scheibenkäse ab und gib drei Eier darauf.

5. Schließlich wird der Hackbraten bei 180 °C für 60 Minuten gebacken.

 Das Rezept als Video:
www.leckerschmecker.me/falscher-hase/

LASAGNE IM BROT

Dafür brauchst du:

Brot

1 breites, rustikales Baguette • 6 gekochte Lasagneplatten • 150 ml Béchamelsoße • 150 g geriebenen Mozzarella •
4 EL Olivenöl • 1 fein gehackte Knoblauchzehe • 1 EL fein gehackte Petersilie

Soße

350 g Hackfleisch • 200 ml Tomatensoße • 1 fein gewürfelte Zwiebel • 1 TL Paprikapulver •
1 EL getrockneten Oregano • Salz • Pfeffer • Olivenöl zum Anbraten

So geht's:

1. Zunächst nimmst du ein Brotmesser zur Hand und schneidest die Oberseite des Baguettes in Form eines langen Rechtecks so tief ein, dass du das Brotinnere entfernen kannst. Bestenfalls sieht das Brot nun wie eine leere Kastenform aus.

2. Anschließend gießt du das Olivenöl in eine Schüssel und gibst den Knoblauch und die Petersilie hinzu. Du verrührst das Ganze zu einer Paste und streichst diese auf den Boden im Brot. Darauf legst du eine Schicht zurechtgeschnittener Lasagneplatten.

3. Danach geht es an die Herstellung der Sauce bolognese: Zunächst erhitzt du etwas Olivenöl in der Pfanne und schwitzt die gewürfelte Zwiebel an, bevor du das Fleisch hinzugibst. Brate es, bis es durch ist, und streue dann die Gewürze darauf. Zum Schluss gießt du noch die Tomatensoße darüber und vermischst alles sorgfältig miteinander.

4. Nun kommen nacheinander die Hälfte der Hackfleischsoße, er Béchamelsoße und des Mozzarellas in Schichten auf die Lasagneplatten in das Brot. Das Ganze wiederholst du noch einmal und beginnst wiederum mit einer Lage Nudeln. Die letzte Schicht Käse kann ruhig etwas großzügiger ausfallen.

5. Das fertige Werk wird in Alufolie eingepackt und bei 190 °C für etwa 25 Minuten gebacken.

 Das Rezept als Video: www.leckerschmecker.me/lasagne-im-brot/

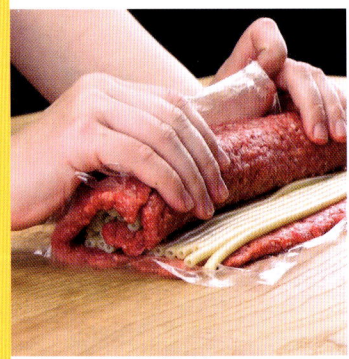

NUDEL-HACKFLEISCH-ROLLE

🍳 Zubereitung: ca. 20 Min 🍴 Portionen: 3 - 4

🔥 Backen: 180 °C - 25 Min

500 g Hackfleisch • 200 g Makkaroni • 150 ml Tomatensoße •
75 g gewürfelte, bunte Paprika • 75 g in Stücke geschnittene Zucchini •
Thymian • Salz • Paprikapulver

So geht's:

1. Nimm zunächst ein großes Stück Frischhaltefolie zur Hand und verteile das Hackfleisch gleichmäßig darauf. Es sollte eine quadratische Form erhalten und etwas an die Folie angedrückt werden – so, dass die Oberfläche relativ glatt wird und damit besser zum Belegen geeignet ist. Würze das Hack nun mit Salz und Paprikapulver.

2. Als Nächstes kümmerst du dich um die Pasta: Dafür bringst du Wasser in einem Topf zum Kochen, salzt es und gibst die Makkaroni ins Wasser. Lasse sie ca. 6 Minuten lang kochen. Danach schüttest du sie in ein Sieb und lässt sie abtropfen.

3. Nun legst du die Nudeln eng aneinandergereiht auf das Hackfleisch. Lasse allerdings an dem Ende, an dem du gleich anfängst, den Nudel-Fleisch-Mix einzudrehen, einen Streifen frei, sonst wird das Rollen sehr schwierig. Rolle dann das Hack-Nudel-Quadrat mithilfe der Frischhaltefolie sorgfältig auf, damit das Gebilde später nicht wieder auseinanderfällt.

4. Lege die Rolle anschließend in eine Auflaufform und entferne vorsichtig die Folie. Dann gießt du gleichmäßig die Tomatensoße darauf und verteilst die Gemüsestücke auf der Soße. Garniere das Ganze noch mit gerebeltem Thymian.

5. Gare das Ganze nun im Ofen für ca. 25 Minuten bei 180 °C.

 Das Rezept als Video:
www.leckerschmecker.me/nudel-hackfleisch-rolle/

HOTDOG-ZOPF

Zubereitung: 10 Min | Portionen: 4 - 6

Backen: 190 °C - 20 Min

Dafür brauchst du:

1 Portion Blätterteig • 8 Hotdog-Würstchen • 3 Scheiben Edamer •
Gewürzgurken, in Scheiben geschnitten • Röstzwiebeln • 1 Ei, verquirlt •
3 EL Senf

So geht's:

1. Breite den Blätterteig aus und platziere die Würstchen in der Mitte: vier Stück nebeneinander und darüber die übrigen vier.

2. Dann bestreichst du die Würstchen dick mit dem Senf und legst den Käse darauf.

3. Die nächste Schicht besteht aus so vielen (oder wenigen) Scheiben Gewürzgurken, wie du willst.

4. Die Krönung bildet eine Schicht aus krossen Röstzwiebeln.

5. Schneide nun den überstehenden Blätterteig an beiden Seiten in regelmäßigen Abständen schräg ein, sodass sich Teigstreifen bilden.

6. Diese Teigstreifen faltest du im Wechsel über die Füllung. So entsteht die Flechtoptik. Vergiss nicht, die Enden zu schließen.

7. Vor dem Backen bestreichst du den Teig mit dem verquirlten Ei und streust weitere Röstzwiebeln darauf.

8. Anschließend wird alles für 20 Minuten bei 190 °C gebacken.

 Das Rezept als Video:
www.leckerschmecker.me/hotdog-zopf/

KARTOFFEL-BACON-TARTE

👨‍🍳 Zubereitung: ca. 25 Min 🍴 Portionen: 6 - 8

📄 Backen: 170 °C - 2,5 Std.

Dafür brauchst du:

45 Scheiben Bacon • 5 mittelgroße Kartoffeln •
400 g geriebenen Cheddar • Salz • Pfeffer

So geht´s:

1. Lege die Baconscheiben in einer kleinen Pfanne fächerförmig zu einem Kreis aus. Das Ende der Scheiben überlappt dabei den Pfannenrand und die Innenfläche muss vollständig mit Schinken bedeckt sein.

2. Wasche die Kartoffeln und schneide sie in dünne Scheiben.

3. Lege den Boden der Pfanne mit einer Schicht Kartoffeln aus und salze und pfeffere diese. Bestreue die Scheiben dick mit Käse. Wiederhole diese Schritte noch zweimal. Dabei legst du mit jeder Schicht weniger Kartoffelscheiben in die Pfanne.

4. Klappe dann die über den Pfannenrand ragenden Baconscheiben der Reihe nach über die Mitte zurück, sodass die oberste Schicht Käse vollständig bedeckt ist.

5. Backe die Tarte für 2,5 Stunden bei 170 °C.

 Das Rezept als Video:
www.leckerschmecker.me/kartoffel-bacon-tarte/

BBQ-BAGUETTE

Zubereitung: ca. 15 Min | Portionen: 2 - 4
Backen: 180 °C - 15 Min

Dafür brauchst du:

1 Baguette • 300 g Hackfleisch • 100 g geriebenen Cheddar • 50 g weiche Butter •
8 EL Barbecuesoße • ½ rote Zwiebel, in Streifen • 50 g Jalapeños, in Ringen •
20 g gehackte Petersilie • 1 gehackte Knoblauchzehe • Öl zum Braten • Salz

So geht´s:

1. Halbiere das Baguette zuerst quer und die beiden Hälften anschließend der Länge nach. Erhitze Öl in einer Pfanne und brate das Hackfleisch darin gar. Füge die Barbecuesoße hinzu, vermenge das Fleisch mit ihr und gib dieses anschließend auf die unteren Baguettehälften.

2. Bestreue die Hälften dann mit Zwiebelringen, Jalapeños und Käse. Anschließend werden die oberen Brothälften aufgelegt.

3. Um Kräuterbutter herzustellen, gib weiche Butter, Petersilie, Knoblauch und Salz in ein Schälchen und mische die Zutaten mit einer Gabel.

4. Streiche die Kräuterbutter auf die zugeklappten Baguettes und backe diese schließlich für 15 Minuten bei 180 °C.

 Das Rezept als Video:
www.leckerschmecker.me/bbq-baguette/

KARTOFFELPUFFER-ROLLE

👨‍🍳 Zubereitung: ca. 25 Min 🍴 Portionen: 6 - 8

📄 Backen: 160 °C - 30 Min + ▢ 160 °C - 15 Min

Dafür brauchst du:

4 mittelgroße Kartoffeln • 3 Karotten • 2 gewürfelte Schalotten •
30 g gehackten Schnittlauch • 3 Eier • 1 Prise Muskatnuss •
je 1 TL Salz und Pfeffer • 400 g Kräuterfrischkäse •
6 große Scheiben Kochschinken • 100 g geriebenen Käse

So geht's:

1. Schäle und reibe die Kartoffeln und die Karotten und gib sie gemeinsam in eine große Schüssel.

2. Hinzu gibst du Schnittlauch, die gewürfelten Schalotten, Eier, Muskatnuss, Salz und Pfeffer. Mische die Zutaten gründlich und lege die Masse auf ein mit Backpapier ausgelegtes Blech. Achte dabei darauf, dass die Masse eine zusammenhängende Fläche ohne „Risse" und Löcher bildet.

3. Diese backst du nun bei 160 °C Umluft für 30 Minuten im Ofen und lässt sie danach abkühlen.

4. Anschließend verteilst du die Hälfte des Frischkäses auf dem entstandenen Kartoffelpuffer. Lege den Kochschinken darauf und verteile den übrigen Frischkäse auf ihm.

5. Nun rollst du den Kartoffelpuffer der Länge nach eng zusammen, das Backpapier hilft dabei. Der Frischkäse wirkt dabei wie Klebstoff und hält die Rolle zusammen.

6. Bestreue die Rolle mit dem Käse und backe sie für weitere 15 Minuten bei 160 °C Oberhitze.

 Das Rezept als Video:
www.leckerschmecker.me/kartoffelpuffer-rolie/

HACKBRATEN MIT BACON

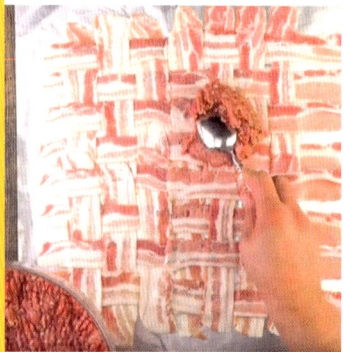

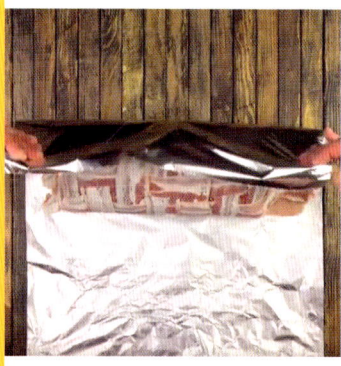

🍳 Zubereitung: ca. 30 Min   🍴 Portionen: 6 - 8

♨ Backen: 200 °C - 60 Min

Dafür brauchst du:

Hackfleischmischung

1 kg Hackfleisch • 1 Zwiebel, fein gewürfelt • 2 Eier • 50 g Semmelbrösel •
Salz • Pfeffer

Hülle

375 g Speck in Scheiben

Füllung

3 Scheiben Käse • 3 Scheiben gekochten Schinken • 6 Scheiben Salami •
4 gekochte Eier

So geht's:

1. Vermenge die Zutaten für die Hackfleischmischung sorgfältig miteinander in einer großen Schüssel.

2. Nimm ein großes Stück Alufolie und flicht die Speckscheiben darauf zu einem Gitter. Auf 3 Seiten der Folie solltest du dabei einen großzügigen Rand lassen. Die Hackfleischmasse wird als etwas kleineres Quadrat auf dem Speckgitter verteilt.

3. Käse, Schinken, Salami und Eier werden jetzt nacheinander in der Mitte der Hackfleischmasse aufeinandergeschichtet. Die Eier werden dabei in eine Reihe gelegt. Sie bilden später sozusagen den Kern des Bratens.

4. Rolle als Nächstes das Kunstwerk mithilfe der Alufolie zusammen und verpacke somit den Braten für das Backen.

5. Die Rolle kommt bei 200 °C für mindestens 60 Minuten in den Ofen. Nach der Hälfte der Backzeit solltest du die Alufolie vorsichtig entfernen.

 Das Rezept als Video:
www.leckerschmecker.me/hackbraten-mit-bacon/

CHEESEBURGER-KUCHEN

Zubereitung: 30 Min (+ Teig 90 Min gehen lassen)   Portionen: 6 - 8

Backen: 180 °C - 20 Min

Dafür brauchst du:

Teig

500 g Mehl • 1 Ei • 4 EL Öl • 1 TL Zucker • 2 TL Salz • 250 ml lauwarmes Wasser •
1 Würfel Hefe (21 g) • 2 EL Milch • 1 EL Sesam

Füllung

500 g Rinderhackfleisch • 150 g Ketchup • 150 g geriebenen Cheddar •
1 Zwiebel • 3 Gewürzgurken

So geht's:

1. Gib das Mehl, das Ei, den Zucker, das Salz und die Hefe, die du in lauwarmem Wasser aufgelöst hast, in eine Schüssel und verknete alles zu einem glatten Teig. Decke die Schüssel ab und lass alles 90 Minuten an einem warmen Ort gehen.

2. Lege von diesem Teig ungefähr ein Drittel beiseite und rolle die verbliebenen zwei Drittel zu einem Fladen von etwa 40 cm Durchmesser aus. Mit diesem kleidest du die eingefettete Kuchenform aus. Achte darauf, dass der Teig den Rand überlappt.

3. Brate und würze das Hackfleisch und gib es in die mit Teig ausgelegte Kuchenform. Gib anschließend den Ketchup, die geschnittene Zwiebel, die in Scheiben geschnittenen Gewürzgurken und abschließend den Käse hinzu. Achte darauf, die verschiedenen Schichten schön gleichmäßig zu verteilen und aufzutragen.

4. Rolle den verbliebenen Teig aus, lege ihn obenauf und verschließe den Kuchen, indem du den überlappenden Teig nach innen rollst. Bestreiche den Deckel mit Milch und bestreue ihn mit Sesam.

5. Backe schließlich alles für 20 Minuten bei 180 °C.

 Das Rezept als Video:
www.leckerschmecker.me/cheeseburgerkuchen/

BEEF WELLINGTON MIT SPINAT UND BACON

Zubereitung: ca. 20 Min | Portionen: 6 - 8 | Backen: 180 °C - 30 Min

Dafür brauchst du:

1 kg länglich geschnittenes Rinderfilet am Stück • 500 g frischen oder tiefgekühlten Spinat •
1 fertigen Blätterteig • 10 Scheiben Frühstücksbacon • 1 verquirltes Ei •
Salz • Pfeffer • Rosmarin • Pflanzenöl

So geht's:

1. Würze das Filet zuerst mit Salz, Pfeffer und Rosmarin. Erhitze ein wenig Öl bei mittlerer Stufe in der Pfanne, brate das Fleisch auf jeder Seite für etwa 2 Minuten leicht an und lass es danach etwas abkühlen.

2. Koche währenddessen den Spinat – und würze ihn je nach Belieben bzw. Packungsanleitung.

3. Rolle den Blätterteig auf einem mit Backpapier ausgelegten Backblech aus und belege ihn quadratförmig mit den Baconscheiben. Gekaufter Blätterteig ist normalerweise rechteckig. Du kannst das Baconquadrat direkt am Rand einer der längeren Seiten ansetzen. Es sollten auf jeden Fall auf 3 Seiten des Teigs Ränder verbleiben. Verteile auf dem Bacon den Spinat möglichst glatt und lege dann den Braten auf die randlose Seite der Spinatfläche.

4. Bestreiche den Rand der anderen längeren Seite des Blätterteigs großzügig mit Ei.

5. Jetzt wird gerollt und gefaltet: Fange damit an, das Filetstück in den Teig einzurollen. Schlage die offenen Enden der gefüllten Rolle nach unten um und drücke sie vorsichtig an der Unterseite an.

6. Bestreiche die Rolle anschließend nochmals großzügig mit Ei. Nimm ein scharfes Messer zur Hand und schneide die Oberseite in Abständen von 2 bis 3 cm behutsam ein. Wiederhole dies anschließend vertikal, sodass auf dem Teig ein Rautenmuster entsteht.

7. Backe das Gericht für 30 Minuten bei 180 °C im vorgeheizten Ofen.

 Das Rezept als Video: www.leckerschmecker.me/wellington/

LASAGNE IN DER PAPRIKA

🍳 *Zubereitung: ca. 20 Min*   🍴 *Portionen: 4*

Backen: 170 °C - 30 Min

Dafür brauchst du:

4 Paprika (2 rote und 2 gelbe) • 250 g Hackfleisch • 200 g Pizzatomaten •
100 g passierte Tomaten • 8 vorgekochte Lasagneplatten • 150 g Ricotta •
150 g geriebenen Mozzarella • 80 g geriebenen Parmesan • 1 Ei •
1 gewürfelte Zwiebel • 1 gehackte Knoblauchzehe • 20 g gehacktes Basilikum •
Salz • Pfeffer • etwas Pflanzenöl

So geht's:

1. Köpfe die Paprikaschoten und entferne das Kerngehäuse. Die Frucht bleibt dabei im Ganzen.

2. Brate das Hackfleisch in etwas Öl an und gib Zwiebeln und Knoblauch hinzu. Ist das Hackfleisch braun gebraten, salze und pfeffere es. Dann werden noch Pizzatomaten und passierte Tomaten beigefügt.

3. Mische als Nächstes Ricotta, Ei, Parmesan und Basilikum zu einer Creme.

4. Jetzt geht es ans Füllen der Schoten: Dafür löffelst du eine kleine Portion Hackfleischsoße auf den Boden jeder Paprika. Halbiere die gekochten Lasagneplatten und lege eine Hälfte auf die Soße. Darauf gibst du Ricottacreme und eine weitere Lasagneplatte.

5. Wiederhole die Schichtung und beende sie mit Tomatensoße. Das i-Tüpfelchen bildet – wie auch bei einer gewöhnlichen Lasagne – eine Schicht Käse auf jeder Paprika.

6. Dann werden die Mini-Lasagnen für 30 Minuten bei 170 °C gebacken.

 Das Rezept als Video:
www.leckerschmecker.me/lasagneschoten/

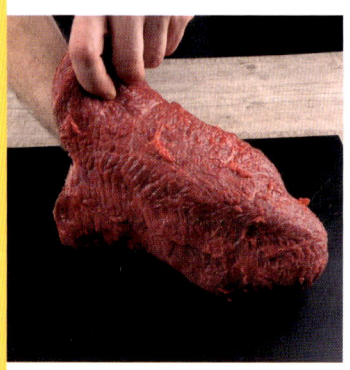

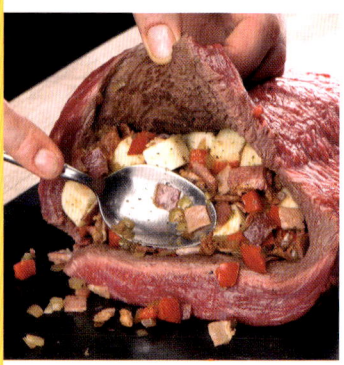

GEFÜLLTER TAFELSPITZ

Zubereitung: ca. 45 Min | Portionen: 6 - 8
Braten: ca. 10 Min | Backen: 200 °C - 35 Min

Dafür brauchst du:

Fleisch
1 Stück Rindertafelspitz (ca. 1,5 kg) • 100 ml Olivenöl • grobes Salz •
schwarzen Pfeffer aus der Mühle • 1 EL Paprikapulver

Füllung
350 g gewürfelten Mozzarella • 120 g grob geschnittenen Bacon •
1 gewürfelte rote Paprika • 2 gewürfelte Zwiebeln • 1 TL Oregano

Soße
300 ml Rotwein • 2 EL Pflaumenmus • 1 Prise Salz • 1 Prise Cayennepfeffer

So geht's:

1. Befreie den Tafelspitz von Fett und Sehnen und brate ihn in einer Pfanne mit Pflanzenöl von beiden Seiten scharf an. Nimm ihn anschließend heraus und lasse ihn kurz abkühlen.

2. Schneide mit einem scharfen Messer eine dünne Scheibe vom breiten Ende ab und ritze danach eine Tasche tief ins Fleisch. Stülpe nun vorsichtig die Fleisch-Tasche um und achte darauf, dass der Tafelspitz dabei nicht reißt.

3. Schneide Zwiebeln, Paprika und Bacon zurecht und brate sie in einer Pfanne an. Gib den Inhalt der Pfanne in eine Schüssel mit dem gewürfelten Mozzarella und verrühre das Ganze zusammen mit dem Oregano. Gib die Füllung in das Fleisch. Verschließe die Tasche mit Zahnstochern und massiere auf beiden Seiten des Fleisches Olivenöl sowie Paprikapulver, grobes Salz und Pfeffer ein.

4. Stelle den Tafelspitz bei 200 °C 35 Minuten lang in den Ofen. Lasse ihn anschließend 10 Minuten lang ruhen.

5. Für die Soße reduzierst du den Rotwein etwas ein und gibst dann das Pflaumenmus sowie jeweils eine Prise Salz und Cayennepfeffer hinzu. Lass die Soße weitere 5 Minuten köcheln.

 Das Rezept als Video:
www.leckerschmecker.me/tafelspitz/

SPAGHETTI-BROT

👨‍🍳 Zubereitung: ca. 30 Min 🍴 Portionen: 6 - 8

♨️ Braten: ca. 10 Min 📄 Backen: 160 °C - 30 Min

Dafür brauchst du:

etwas Pflanzenöl • 300 g Rinderhackfleisch • 400 ml Pizzatomaten •
150 g gekochte Spaghetti • 1 Rolle Pizzateig • 150 g gewürfelten Käse •
30 g geriebenen Parmesan • 1 verquirltes Ei • 1 gewürfelte Zwiebel •
1 gehackte Knoblauchzehe • 1 EL Oregano • Salz • Pfeffer

So geht's:

1. Erhitze etwas Öl in einer Pfanne, gib das Hackfleisch hinzu und brate es an. Füge nun Zwiebelwürfel, Knoblauch, Oregano und eine Portion Salz und Pfeffer nach deinem Geschmack hinzu.

2. Gieße die Pizzatomaten darüber, gib die gekochte Pasta hinzu und vermenge alles miteinander.

3. Entrolle den Pizzateig auf einem Backblech und gib Nudeln samt Soße auf dessen Mitte. Darauf verteilst du außerdem die Käsewürfel.

4. Nun schneidest du den Teig erst diagonal von den Ecken ausgehend bis zur Füllung ein, dann in gleichmäßigen Abständen an den Längsseiten.

5. Schlage erst die Querseiten, dann die Teigstreifen der Längsseiten über die Füllung, bis sie vollständig „eingepackt" ist.

6. Bestreiche den Teig mit Ei und bestreue ihn mit Parmesan. Backe das ungewöhnliche Brot im Ofen für 30 Minuten bei 160 °C.

 Das Rezept als Video:
www.leckerschmecker.me/spaghetti-brot/

FRÜHSTÜCKSROULADEN

Zubereitung: ca. 15 Min   Portionen: 10

Backen: 180 °C - 8 Min

Dafür brauchst du:

10 Eier • 1 gewürfelte Tomate • 100 g frischen Babyspinat •
200 g geriebenen Cheddar • 20 Scheiben Kochschinken • ca. 10 g Butter •
Salz • Pfeffer

So geht's:

1. Schmilz die Butter in einer Pfanne. Gib die Eier in eine große Schüssel, verquirle sie und gib sie in die „gebutterte" Pfanne. Kurz bevor das Rührei fertig ist, werden Tomatenwürfel, Spinat und zum Abschluss die Käsestreifen hinzugefügt.

2. Lege zwei Scheiben Kochschinken übereinander, gib einen großen Esslöffel vom Rührei-Mix auf die Scheiben und rolle diese wie eine Roulade zusammen.

3. Backe die fertig gewickelten Rouladen in einer Auflaufform für 8 Minuten bei 180 °C.

 Das Rezept als Video:
www.leckerschmecker.me/fruehstuecksrouladen/

BLÄTTERTEIG-KREISEL

Zubereitung: ca. 25 Min — Portionen: 4 - 6

Backen: 180 °C - 45 Min

Dafür brauchst du:

2 Rollen Blätterteig • 4 längs halbierte Scheiben Kochschinken •
375 g Mozzarella in Scheiben • 12 halbierte Kirschtomaten • 2 verquirlte Eier •
1 EL Mohn • 2 EL Oregano • Salz • Pfeffer

So geht's:

1. Teile die beiden Rollen Blätterteig – noch zusammengerollt – in der Mitte in gleich breite Hälften und entrolle sie danach.

2. Belege die Teighälften jeweils in folgender Reihenfolge: zwei halbe Schinkenscheiben, einige Scheiben Mozzarella, Tomaten, Oregano, etwas Salz und Pfeffer.

3. Bestreiche alle Ränder, bis auf eine Längsseite, mit etwas Ei und schlage die unbestrichene Seite zur Mitte. Darüber klappst du nun die Längsseite, die mit Ei bestrichen wurde. Das Ei ist dabei der „Klebstoff". Wiederhole dies mit allen Teigportionen.

4. Rolle die Teigwürste Stück für Stück zu einer großen Schnecke zusammen und lege diese auf ein Backblech. Bestreiche den Teigkreisel mit dem übrigen Ei und bestreue ihn mit Mohn.

5. Backe ihn für 45 Minuten bei 180 °C.

 Das Rezept als Video:
www.leckerschmecker.me/blaetterteigkreisel/

HÄHNCHEN-CORDON-BLEU

🍴 Zubereitung: ca. 20 Min | Portionen: 1 | Frittieren: ca. 10 Min | Kochen: ca 10 Min | ❄ Kühlen: ca. 30 Min

Dafür brauchst du:

Cordon bleu

1 Hähnchenbrust (ca. 140 g) • 8 Scheiben Emmentaler • 3 Scheiben Kochschinken • Salz • Pfeffer

Panade

Mehl • verquirlte Eier • Semmelbrösel • Öl zum Frittieren (Raps- oder Erdnussöl)

Béchamelsoße

400 ml Milch • 30 g geriebenen Parmesan • 25 g Mehl • 25 g Butter • 2 fein gehackte Knoblauchzehen • 1 EL Senf • Salz • Pfeffer

Garnierung

frische, fein gehackte Petersilie

So geht's:

1. Breite ein großes Stück Frischhaltefolie auf einem Schneidbrett aus und lege die Hähnchenbrust darauf. Schlage die Folie einmal über das Fleisch und klopfe es mit einem Fleischklopfer oder einem Nudelholz dünn. Anschließend würzt du das Hähnchen mit Salz und Pfeffer.

2. Lege vier Scheiben Käse auf das Hähnchen, dann den Kochschinken und zum Schluss die übrigen vier Käsescheiben..

3. Rolle das Ganze nun von einer Längsseite mithilfe der Folie straff ein. Wenn du die Enden der Folie links und rechts eindrehst, sollte das Hähnchen danach etwa aussehen wie ein sehr großes Bonbon. Lege die Rolle für 30 Minuten in den Kühlschrank.

4. Entferne die Folie. Wende die Rolle anschließend sorgfältig zuerst in Mehl, dann in Ei und zum Schluss in Semmelbröseln. Backe nun das Cordon bleu mit reichlich Öl in einer beschichteten Pfanne aus, bis die Panade goldbraun ist.

5. Zerlasse für die Béchamelsoße zuerst die Butter in einem Topf und schwitze dann den Knoblauch kurz darin an. Rühre als Nächstes mit einem Schneebesen erst das Mehl und dann die Milch ein und würze die Soße mit Salz und Pfeffer. Bevor du zum Schluss alles zusammen durchköcheln lässt, gibst du noch Senf und Parmesan hinzu und rührst kräftig um.

6. Schneide das Cordon bleu zum Servieren in Scheiben und dekoriere es mit der Soße. Als Garnierung kannst du Petersilie darüber streuen.

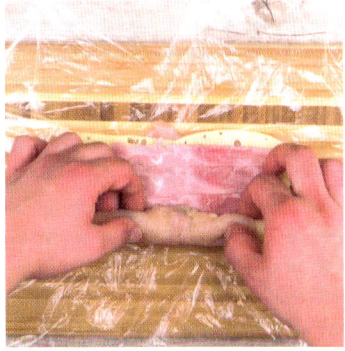

 Das Rezept als Video: www.leckerschmecker.me/haehnchen-cordon-bleu/

KÄSE-HACK-TORTE

🎩 *Zubereitung: ca. 30 Min* 🍴 *Portionen: 4 - 6*

📄 *Backen: 190 °C - 40 Min*

Dafür brauchst du:

min. 2 Portionen Blätterteig • 300 g Hackfleisch •
200 g Käse (120 g gerieben und 80 g gewürfelt) • 1 verquirltes Ei • 1 TL Senf •
1 TL Tomatenmark • 10 geschnittene Blätter Basilikum • Salz • Pfeffer

So geht's:

1. Rolle den Blätterteig aus und stich mithilfe eines Glases so viele Kreise wie möglich aus. Wenn du einen runden Keksausstecher hast, nimm diesen.

2. Würze das Hackfleisch mit Senf, Basilikum, Tomatenmark, Salz und Pfeffer.

3. Fülle etwa zwei Drittel der Teigkreise mit einem Esslöffel voll Hackfleisch, das übrige Drittel mit dem geriebenen Käse.

4. Bringe die Teigkringel in Form: Falte sie in der Mitte übereinander und presse die Enden zusammen wie bei einer Tortellini.

5. Bette zum Schluss die gefüllten Teigtaschen in eine passende Form, zum Beispiel eine Quiche- oder Springform. Lege den gewürfelten Käse in die äußere Reihe und bestreiche alles mit einem verquirlten Ei.

6. Zum Backen geht es bei 190 °C für 40 Minuten in den Ofen.

 Das Rezept als Video:
www.leckerschmecker.me/kaese-hack-torte/

KÜRBISGNOCCHI

🍲 Zubereitung: ca. 30 Min 🍴 Portionen: 4 ⬛ Backen: 160 °C - 60 Min

Dafür brauchst du:

Gnocchi

2 große, mehligkochende Kartoffeln • 1 Hokkaidokürbis • 50 g Semmelbrösel • 50 g Mehl •
50 g geriebenen Parmesan • 2 Eigelb • 1 EL Olivenöl • 1 Prise Muskat • Salz • Pfeffer

Soße

400 ml Sahne • 50 g Schinkenwürfel • 80 g geriebenen Parmesan • Salz • Pfeffer

So geht's:

1. Viertele den ungeschälten Kürbis und gib ihn mit den ebenfalls ungeschälten Kartoffeln für 60 Minuten bei 160 °C in den Ofen. Hinweis: Der Kürbis wird jetzt noch nicht geschält, da er beim Garen sonst zu viel Flüssigkeit verliert.

2. Schäle nun die Kartoffeln und den Kürbis. Löse das Innere des Kürbisses mit einem Löffel heraus, wenn er ein wenig abgekühlt ist. Entferne außerdem ggf. verbrannte Stellen.

3. Zerdrücke Kartoffeln und Kürbis in einer Schale und vermische sie zu einer gleichmäßigen Masse. Füge alle übrigen Zutaten hinzu und verarbeite die Masse zu einem glatten Teig.

4. Teile den Teig in vier gleich große Stücke und rolle diese auf einer leicht bemehlten Arbeitsfläche zu gleichmäßigen Würsten. Schneide die Teigwürste in gleich große Stücke, die du zu Kugeln formst. Diese drückst du mit einer Gabel flach.

5. Nun werden die so entstandenen Gnocchi noch etwa 3 Minuten in gesalzenem Wasser gekocht.

6. Für die Soße brätst du die Schinkenwürfel in einer Pfanne an.

7. Füge dann die Sahne hinzu und lasse sie so lange einkochen, bis sich die Menge um die Hälfte reduziert hat.

8. Rühre den Parmesan in die Soße (diese sollte nun nicht mehr kochen) und schmecke sie mit Salz und Pfeffer ab.

 Das Rezept als Video: www.leckerschmecker.me/kuerbisgnocchi/

CRÊPE-AUFLAUF

Zubereitung: ca. 30 Min   Portionen: 9   Backen: 180 °C - 20 Min

Dafür brauchst du:

Crêpe-Teig

200 g Mehl • 350 ml lauwarme Milch • 3 Eier • 50 g geschmolzene Butter • ¼ TL Salz

Füllung

3 Hähnchenbrustfilets • 150 g Frischkäse • 150 g Mais • 10 Kirschtomaten, geviertelt • 20 g gehackte Petersilie • Salz • Pfeffer

Außerdem

100 g Frischkäse • 9 Scheiben Käse

So geht's:

1. Gib alle Teigzutaten zusammen in eine Schüssel und verrühre sie zu einem Teig.

2. Backe die Crêpes in einer gefetteten Pfanne beidseitig goldgelb aus. Pro Crêpe genügt eine Kelle Teig. Insgesamt benötigst du neun Crêpes.

3. Brate für die Füllung die Hähnchenbrustfilets in heißem Fett von beiden Seiten goldgelb an. Danach lässt du sie abkühlen, ehe du sie mit den Fingern kleinzupfst.

4. Nun füge Frischkäse, Mais, Kirschtomaten und Petersilie hinzu und mische alles.

5. Gib je zwei große Esslöffel dieser Füllung in die Mitte jedes Crêpes und falte darüber die Ränder der Crêpes zu rechteckigen Taschen.

6. Lege die Crêpes dicht aneinander in eine große Auflaufform. Bestreiche jeden von ihnen mit einem Löffel Frischkäse und decke die Crêpes mit je einer Scheibe Käse ab. Dann backst du den Auflauf für 20 Minuten bei 180 °C.

 Das Rezept als Video: www.leckerschmecker.me/crepeauflauf/

BROTFONDUE MIT MINI-WÜRSTCHEN

Zubereitung: ca. 20 Min   Portionen: 4 - 6

Backen: 180 °C - 40 Min

Dafür brauchst du:

1 runden Weichkäse (z.B. Camembert) • 2 runde Portionen Blätterteig (Ø 32 cm) •
26 Wurststückchen, je ca. 2,5 cm lang • 1 Eigelb • 1 EL Sesam

So geht's:

1. Schneide den oberen Rand des Weichkäses ab. So kommst du später besser an das cremige Innere heran. Positioniere den Käse mittig auf einer Portion Blätterteig. Nun deckst du den Teig um den Käse herum mit Backpapierstreifen ab und legst den zweiten Blätterteig ebenfalls mittig über den Käse.

2. Platziere 13 der Wurststücke gleichmäßig am Teigrand und schneide diesen zwischen den Stücken bis zum Käse hin in Streifen. Die entstandenen Teigstreifen rollst du nach innen auf. In ihnen liegen jetzt die Würstchen.

3. Entferne das Backpapier vom unteren Teig und wiederhole die Schritte: Wurst platzieren, Teig einschneiden und aufrollen.

4. Bestreiche dein Werk mit Eigelb und streue Sesam darüber. Bei 180 °C wird es für 40 Minuten gebacken.

Das Rezept als Video:
www.leckerschmecker.me/brotfondue/

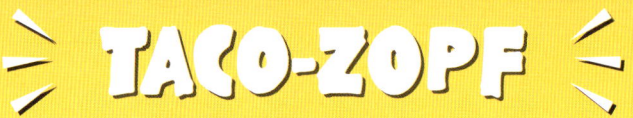

TACO-ZOPF

👨‍🍳 Zubereitung: ca. 30 Min 🍴 Portionen: 6 - 8

♨️ Braten: ca. 10 Min 🔥 Backen: 190 °C - 25 Min

Dafür brauchst du:

400 g Hackfleisch • 1 Portion Pizzateig • 200 g geriebenen Käse •
1 gewürfelte Tomate • ½ gewürfelte Zwiebel • 1 EL Cumin • 1 EL Paprikapulver •
1 EL Cayennepfeffer • 1 EL Salz • 2 EL Olivenöl

So geht's:

1. Erhitze das Olivenöl in einer Pfanne und brate Zwiebel und Hackfleisch scharf darin an.

2. Gib die Gewürze dazu und brate die Zutaten weiter.

3. Rolle den Pizzateig aus und schneide beide Seiten bis zum mittleren Teigdrittel ein. Die Teigstreifen sollten rund zwei Zentimeter breit sein.

4. Verteile das Hackfleisch gleichmäßig auf dem mittleren Drittel. Darauf gibst du die gewürfelte Tomate und 150 g Käse.

5. Klappe die Teigstreifen im Wechsel schräg über die Füllung, erst einen Streifen von der einen Seite, dann von der anderen. So entsteht ein Flechtmuster.

6. Streue den übrigen Käse über den Teigzopf und backe diesen bei 190 °C für 25 Minuten im Ofen.

 Das Rezept als Video:
www.leckerschmecker.me/taco-zopf/

KASSLER IM BLÄTTERTEIG

👨‍🍳 Zubereitung: ca. 30 Min | 🍴 Portionen: 6 - 8 | Backen: 200 °C - 20 Min

Dafür brauchst du:

Braten
800 g Kassler am Stück • 150 g Schwarzwälder Schinken • 1 Rolle Blätterteig • Senf • Ei zum Bestreichen

Sauerkraut
400 g Sauerkraut • 100 ml Brühe • 1 EL Butter • 4 Pimentkörner • 2 Lorbeerblätter • Salz • Pfeffer

Püree
400 g mehligkochende Kartoffeln • 50 g Parmesan • 60 g Butter • 30 ml Sahne •
1 Knoblauchzehe • Muskatnuss • Salz • Pfeffer

So geht's:

1. Bereite zunächst das Sauerkraut vor, indem du die Butter im Topf zerlässt, darin das Sauerkraut anschwitzt und mit der Brühe ablöschst. Schmecke das Sauerkraut mit Piment, Lorbeer sowie Salz und Pfeffer ab und lass es für einen Moment leicht köchelnd ziehen. Anschließend darf das fertige Sauerkraut in einem Sieb abtropfen.

2. Für das Püree schälst du die Kartoffeln und kochst sie in gesalzenem Wasser. Stampfe die weichen Kartoffeln und vermenge sie mit Parmesan, Butter, Knoblauch sowie Sahne und schmecke das Ganze mit Muskat, Salz und Pfeffer ab. Das Püree darf jetzt abkühlen.

3. Rolle den Blätterteig aus. Lege auf ihm den Schinken in zwei sich überlappenden Reihen aus. Lass an den Rändern ein paar Zentimeter frei. Bestreiche den Schinken nun gleichmäßig mit dem Püree und verteile das abgetropfte Sauerkraut darauf.

4. Brate das Kassler in einer heißen Pfanne mit Öl von allen Seiten scharf an. Bestreiche es anschließend rundherum mit Senf, lege es mittig auf den Blätterteig und wickle es darin ein.

5. Bepinsle das herzhafte Blätterteig-Päckchen von außen mit einem verquirlten Ei und backe es 20 Minuten lang bei 200 °C.

 Das Rezept als Video: www.leckerschmecker.me/kassler-im-blaetterteig/

KARTOFFELSALAT-KUCHEN

 Zubereitung: ca. 45 Min | Portionen: 8 - 10 | ❄ Kühlen: ca. 2 Std

Dafür brauchst du:

Kartoffelsalat

800 g gekochte Kartoffeln • 150 g Äpfel • 100 g Gewürzgurken • 1 rote Zwiebel • 120 g Frischkäse •
75 g Mayonnaise • Salz • Pfeffer

Belag

4 in Scheiben geschnittene Gewürzgurken

Rand

7 Wiener Würstchen

Dekoration

½ Apfel • Blattpetersilie

So geht's:

1. Schneide zuerst die Kartoffeln klein und gib sie in eine große Schüssel. Anschließend machst du das Gleiche mit dem Apfel, den Gewürzgurken und der roten Zwiebel. Mische alle Zutaten mit einem großen Löffel. Auf den Mix gibst du noch den Frischkäse und die Mayonnaise und würzt zum Schluss mit Pfeffer und Salz. Vermische nun alles noch einmal gründlich miteinander.

2. Anschließend stellst du eine Springform ohne Boden auf eine Kuchenplatte. Gib das Kartoffelgemisch hinein, streiche es glatt und belege es spiralförmig mit den Gurkenscheiben. Dann stellst du alles für 2 Stunden in den Kühlschrank und entfernst danach den Springformring.

3. Im Folgenden halbierst du die Würstchen einmal quer und einmal längs und ordnest sie als Stifte ringsherum um den Kartoffelsalatring an.

4. Halbiere nun die Apfelhälfte und schneide sie in so feine Scheiben wie möglich. Mit ein bisschen Geschick kannst du daraus eine wunderschöne Rose basteln.

5. Zum Schluss ordnest du die Petersilie als Kreis in der Mitte der Torte an und platzierst als i-Tüpfelchen die Apfelrose in der Mitte.

Das Rezept als Video: www.leckerschmecker.me/kartoffelsalatkuchen/

SCHINKEN-KÄSE-GRATIN

Zubereitung: ca. 20 Min   Portionen: 6 - 8

Backen: 160 °C - 60 Min

Dafür brauchst du:

5 große Kartoffeln • Salz • Pfeffer • 200 g Kochschinken • 150 g Scheibenkäse •
250 g gebratenen, gewürfelten Bacon • 15 g gehackte Petersilie •
250 g geriebenen Mozzarella • 2 Eier • 300 ml Sahne

So geht's:

1. Schäle die Kartoffeln, schneide sie in Scheiben und salze und pfeffere sie ordentlich.

2. Lege eine quadratische Auflauf- oder Backform mit einer Schicht Kartoffelscheiben aus. Auf diese folgt je eine Schicht Kochschinken und Scheibenkäse. Dann wiederholst du diese Schichtenfolge.

3. Auf die zweite Schicht streust du den krossen, gewürfelten Bacon. Bestreue ihn mit Petersilie und bedecke alles mit einer letzten Schicht Kartoffeln. Darauf gibst du den gesamten Mozzarella.

4. Mische Eier und Sahne und gib die Masse auf den Käse. Nun backst du das Gratin für 60 Minuten bei 160 °C.

 Das Rezept als Video:
www.leckerschmecker.me/schinken-kaese-gratin/

BLUMENKOHL-ÜBERRASCHUNG

Zubereitung: ca. 30 Min | Portionen: 6 - 8

Backen: 180 °C - 60 Min

Dafür brauchst du:

1 Blumenkohl, geputzt • 700 g Rinderhack • 300 g Paprikawürfel (rot, gelb, grün) •
10 g Petersilie, gehackt • 1 Zwiebel, gewürfelt • 1 EL Senf •
100 g Quark • 2 Eier • 1 TL Kümmel, gemahlen • 1 TL Paprikapulver • 1 TL Oregano •
Salz • Pfeffer • 200 g Bacon

So geht's:

1. Schneide zuerst den Strunk des Blumenkohls kreuzweise ein. Gib ihn dann ins kochende Salzwasser, lass ihn 8 bis 10 Minuten bissfest garen und danach abkühlen.

2. Gib in der Zwischenzeit das Hackfleisch mit der Paprika, den Gewürzen sowie den weiteren Zutaten (bis auf den Bacon) in eine Schüssel. Vermische alles gründlich mit einer Gabel oder mit der Hand.

3. Lege den abgekühlten Blumenkohl in eine Auflaufform und verteile die Hackfleischmasse darauf. Drücke ringsherum alles gut an, der Kohlkopf sollte komplett bedeckt sein.

4. Verteile jetzt den Bacon scheibenweise darauf. Auch hier sollten keine Lücken übrig bleiben.

5. Das Ganze kommt dann für ca. 1 Stunde bei 180 °C in den vorgeheizten Backofen.

 Das Rezept als Video:
www.leckerschmecker.me/blumenkohl-ueberraschung/

KARTOFFEL-TERRINE

Zubereitung: ca. 30 Min Portionen: 8 - 10

Backen: 180 °C - 60 Min

Dafür brauchst du:

1 kg Kartoffeln • 3 Paprika (je 1 grüne, rote und gelbe) • 5 Frühlingszwiebeln •
2 Karotten • 1 Zucchini • 130 g Mozzarella • 110 g Parmesan • 2 Eier •
3 EL Olivenöl • 1 EL weiche Butter • 2 EL Paniermehl • Salz • Pfeffer

So geht's:

1. Wasche und schneide das Gemüse in kleine Würfel. Erhitze das Öl in einer Pfanne und brate darin das Gemüse kurz an. Würze es mit Salz und Pfeffer.

2. Schäle und koche die Kartoffeln und zerdrücke sie gut. Gib das gebratene Gemüse zum Kartoffelbrei hinzu. Schneide den Mozzarella in Würfel und gib diese ebenfalls auf die Kartoffeln. Es folgen 80 g geriebener Parmesan und die beiden Eier. Mische alles anschließend gut durch.

3. Als Nächstes streichst du eine Kastenform mit weicher Butter aus. Zusätzlich streust du Paniermehl in die Form, dann kannst du die Kartoffelmasse hineingeben. Streue den übrigen Parmesan in groben Hobeln obenauf und backe die Terrine bei 180 °C für 60 Minuten.

 Das Rezept als Video:
www.leckerschmecker.me/kartoffelterrine/

DDR-JÄGERSCHNITZEL

🍳 Zubereitung: ca. 25 Min   🍴 Portionen: 2

🍲 Kochen: ca 15 Min

Dafür brauchst du:

Jägerschnitzel

Jagdwurst • Mehl • verquirltes Ei • Semmelbrösel • Öl zum Braten

Soße

100 g Butter • 2 EL Tomatenmark • 2 EL Mehl • 150 ml Wasser • 250 g Ketchup •
1 Prise Zucker • Salz • Pfeffer

Außerdem

250 g Spirelli-Nudeln

So geht's:

1. Schneide von der Jagdwurst vier jeweils ca. 1 cm dicke Scheiben ab. Wälze diese rundherum in Mehl, Ei und Semmmelbröseln, um sie zu panieren.

2. Die Scheiben brätst du beidseitig in einer Pfanne mit heißem Öl, bis sie goldgelb sind.

3. Um die Soße zuzubereiten, schmilz Butter in einem Topf und füge Tomatenmark hinzu. Ist das Mark gleichmäßig unter die Butter gerührt, füge unter weiterem Rühren Mehl hinzu.

4. Es folgen – ebenfalls unter Rühren – Wasser, dann Ketchup. Nun würzt du die Soße mit Zucker, Salz und Pfeffer.

5. Koche parallel zur Soße die Nudeln gar und richte diese schließlich mit Jägerschnitzel und Soße an.

 Das Rezept als Video:
www.leckerschmecker.me/ddr-jaegerschnitzel/

KARTOFFEL-HACK-AUFLAUF

🍳 Zubereitung: ca. 40 Min   🍴 Portionen: 6 - 8

📄 Backen: 180 °C - 15 Min

Dafür brauchst du:

800 g große festkochende Kartoffeln • 500 g Hackfleisch • 250 g Crème fraîche •
100 g geriebenen Mozzarella • 3 Tomaten • 2 EL Öl •
1 EL frischen gehackten Oregano • frischen Oregano in Blättern •
1 Prise Salz • 1 Prise Pfeffer

So geht's:

1. Gib zunächst die gewaschenen Kartoffeln ungeschält in kaltes Wasser und bringe es zum Kochen. Nach 15 bis 20 Minuten Kochen gießt du die Kartoffeln ab und schreckst sie mit möglichst kaltem Wasser ab. Danach pellst du sie und schneidest sie in ca. 1 cm dicke Scheiben.

2. Wasche jetzt die Tomaten, entferne den Strunk und schneide sie in etwa ebenso dicke Scheiben wie die Kartoffeln.

3. Brate nun das Fleisch scharf in Olivenöl an und würze mit Salz und Pfeffer. Nimm die Pfanne dann vom Herd.

4. Als Nächstes schichtest du alle Zutaten in eine gefettete Auflaufform. Fange mit den Kartoffeln an, die du in dichten Reihen und halb überlappend hineinlegen solltest. Darüber verteilst du gleichmäßig das Hackfleisch. Träufle dann mithilfe eines Löffels die Crème fraîche darauf und streue den Oregano auf die Crème.

5. Lege nun alle Tomatenscheiben obenauf. Als letzte Lage kommt der Mozzarella in die Auflaufform.

6. Backe den Auflauf nun im vorgeheizten Ofen 15 Minuten bei 180 °C. Zum Garnieren kannst du Oreganoblätter daraufstreuen.

Das Rezept als Video:
www.leckerschmecker.me/kartoffel-hack-auflauf/

HONIG-BALSAMICO-HÄHNCHEN

🧑‍🍳 *Zubereitung: ca. 60 Min* 🍴 *Portionen: 2*

📄 *Backen: 160 °C - 20 Min + 180 °C - 30 Min*

Dafür brauchst du:

Beilage

6 mittelgroße Kartoffeln • 50 ml Olivenöl • Salz • Pfeffer • 1 Zweig Rosmarin

Marinade

80 ml Balsamico • 50 ml Olivenöl • 5 EL Honig • etwas Salz •
2 gehackte Knoblauchzehen • ½ TL Chiliflocken • 1 EL gehackten Thymian

Außerdem

2 Hähnchenbrüste • 200 g grüne Bohnen • 10 halbierte Kirschtomaten

So geht's:

1. Wasche und viertele die Kartoffeln. Lege sie ungeschält auf ein Backblech, beträufele sie mit Olivenöl, salze und pfeffere sie. Gib den Rosmarinzweig hinzu und backe die Kartoffeln für 20 Minuten bei 160 °C.

2. Um die Marinade zuzubereiten, gibst du alle Zutaten in eine große Schüssel und vermengst sie miteinander. Lege die Hähnchenbrüste vollständig in die Marinade und lasse sie dort 1 Stunde ziehen.

3. Verteile Bohnen und Kirschtomaten auf den gebackenen Kartoffeln. Lege die marinierten Hähnchenbrüste obenauf und gieße die Marinade aufs Blech. Bei 180 °C gibst du das Blech erneut für 30 Minuten in den Backofen.

 Das Rezept als Video:
www.leckerschmecker.me/honig-huhn

GRIECHISCHER HACKAUFLAUF

Zubereitung: ca. 40 Min · Portionen: 6 - 8 · Backen: 200 °C - 40 Min

Dafür brauchst du:

Teig
1 fertigen Blätterteig

Füllung
500 g Kartoffeln • 500 g Rinderhack • 125 g Schmand • 200 g Feta • 100 ml Tomatensoße • 2 Eier •
1 Zwiebel • 2 Knoblauchzehen • 4 EL Öl • Salz • Pfeffer

Belag
50 g Feta • 250 g Kirschtomaten • 8 milde Peperoni (Glas) • 2-3 EL Pinienkerne

So geht's:

1. Um die Füllung vorzubereiten, schäle zunächst Zwiebel, Knoblauch und Kartoffeln. Die Kartoffeln wäschst du anschließend und schneidest sie in 1 bis 2 cm kleine Würfel. Die Zwiebel und der Knoblauch werden fein gewürfelt.

2. Anschließend erhitzt du 2 EL Öl, fügst dann das Hack hinzu und brätst es krümelig. Die Zwiebel und der Knoblauch kommen danach hinzu. Am Schluss gießt du die Tomatensoße darüber und salzt die Mischung nach Belieben. Das Ganze stellst du nun in einer Schüssel beiseite.

3. Für den zweiten Teil der Füllung brauchst du wieder eine Pfanne: Erhitze 2 EL Öl und brate die Kartoffelwürfel darin 12 bis 15 Minuten. Würze sie zum Ende mit Salz und Pfeffer.

4. Nun bereitest du den Boden bzw. die Hülle vor: Schneide den fertigen Blätterteig in eine kreisrunde Form und lege eine runde Auflaufform damit aus. Der Teigausschnitt sollte so groß sein, dass er nicht nur den Boden, sondern auch den Rand bedeckt.

5. Dann zerbröckelst du 200 g Feta und verrührst ihn mit Schmand und Eiern zu einer glatten Masse. Auch diese Mischung wird mit etwas Salz und Pfeffer gewürzt.

6. Für den Belag würfelst du den Rest Feta, wäschst und halbierst die Tomaten und schneidest die Peperonischoten in Ringe. Als Dekoration für die Mitte des Kuchens kannst du auch eine Schote ganz lassen.

7. Heize den Ofen auf 200 °C vor. Nun gibst du zuerst das Hack und dann die Kartoffeln auf den Blätterteig. Danach gießt du die Feta-Ei-Masse darüber. Zuletzt werden die Feta-Stücke, die Kirschtomaten und die Peperoni auf der Füllung verteilt. Sollte es überstehende Teigränder geben, klappst du diese am besten über die Füllung.

8. Schiebe den Auflauf nun auf die unterste Schiene des Ofens und backe ihn für ca. 40 Minuten. Nach einer halben Stunde kannst du ihn noch mit den Pinienkernen bestreuen. Am besten gleich frisch aus dem Ofen genießen!

 Das Rezept als Video: www.leckerschmecker.me/hackauflauf-griechisch

SPAGHETTI IM FLEISCHKLOPS

Zubereitung: ca. 30 Min | Portionen: 6 - 8

Backen: 170 °C - 30 Min

Dafür brauchst du:

Fleischklops

1 kg Hackfleisch • 2 Eier • 100 g Semmelmehl • 150 g gewürfelte Chorizo •
2 EL gehackte Petersilie• 1 EL Paprikapulver • 1 EL Senf • 1 EL Ketchup •
2 TL Salz • 1 TL Pfeffer

Füllung

150 g gekochte Spaghetti • 150 ml Tomatensoße • 100 g geriebenen Mozzarella

Außerdem

75 g geriebenen Parmesan • einige Blätter Basilikum

So geht's:

1. Vermenge das Hackfleisch gut mit allen weiteren Zutaten für den Fleischklops. Drücke etwa zwei Drittel der Masse auf den Boden und an den Rand einer mit Frischhaltefolie ausgekleideten, großen Schüssel, sodass in ihrem Inneren eine große Mulde entsteht.

2. Bestreue die Mulde vollständig mit Mozzarella, ehe du sie mit Spaghetti auslegst. Auf diese lässt du etwas Tomatensoße laufen.

3. Forme dann das übrige Hackfleisch zu einer Kugel und drücke diese zu einem flachen Fladen, mit dem du die Füllung abdeckst. Schließe mit dem Fladen außerdem den Rand ab.

4. Stürze die Schüssel auf ein mit Backpapier ausgelegtes Blech, entferne die Frischhaltefolie und backe den Fleischklops bei 170 °C für 30 Minuten. Gieße danach die restliche Tomatensoße auf den Klops und bestreue ihn mit Parmesan und gehacktem Basilikum.

 Das Rezept als Video:
www.leckerschmecker.me/spaghetti-im-klops

GYROS-AUFLAUF

👨‍🍳 Zubereitung: ca. 30 Min   🍴 Portionen: 6 - 8

♨️ Braten: ca. 10 Min   📄 Backen: 175 °C - 30 Min

Dafür brauchst du:

Gyros

500 g Schweineschnitzel • 60 ml Olivenöl • 1 Zwiebel, kleingeschnitten •
3 Knoblauchzehen, gehackt • 2 TL Thymian • 3 TL Majoran • 1 TL Kreuzkümmel •
3 EL Zitronensaft

Außerdem

600 g Crème fraîche • 200 g Mozzarella • 200 g gekochten Reis •
50 g Tomatenmark • 1 gelbe Paprika • 1 rote Paprika • 30 g Oliven •
20 g Jalapeños

So geht's:

1. Schneide die Schweineschnitzel in Streifen, vermenge diese in einer Schüssel mit der Zwiebel, den Knoblauchzehen, dem Thymian, dem Majoran, dem Kreuzkümmel, dem Olivenöl sowie dem Zitronensaft und brate alles zusammen in der Pfanne an.

2. Schneide die Paprika, Jalapeños und Oliven. Gib das zubereitete Gyros in eine Auflaufform, füge das geschnittene Gemüse dazu und vermenge alles miteinander.

3. Verrühre den gekochten Reis mit dem Tomatenmark und verteile ihn über das Gyros in der Auflaufform. Darauf trägst du die Crème fraîche auf und streust den Mozzarella darüber.

4. Stelle den Gyros-Auflauf für 30 Minuten bei 175 °C in den Backofen.

 Das Rezept als Video:
www.leckerschmecker.me/gyrosauflauf/

GEFÜLLTER PFANNENKNÖDEL

Zubereitung: ca. 20 Min Portionen: 4 - 6

Braten: ca. 15 Min

Dafür brauchst du:

700 g Weißbrot vom Vortag • 300 ml erwärmte Milch • 2 Eier •
80 g geriebenen Parmesan • 1 Mozzarella, in Scheiben • 3 Scheiben Kochschinken •
10 halbierte Kirschtomaten • 50 ml Olivenöl sowie weiteres Öl zum Braten •
1 TL Oregano • Salz • Pfeffer

So geht's:

1. Schneide das Weißbrot in kleine Würfel und gib diese in eine große Schüssel.

2. Nun füge Eier, 40 g Parmesan und Milch hinzu, würze mit Salz und Pfeffer und verknete die Zutaten zu einem Teig.

3. Zupfe die Hälfte des Teiges ab und drücke ihn flach auf den gesamten Boden einer heißen Pfanne, in die du zuvor etwas Olivenöl gegeben hast.

4. Bedecke den Boden mit Schinken und verteile die Kirschtomaten, den Oregano, 50 ml Olivenöl sowie 40 g Parmesan auf ihm. Darauf legst du Mozzarellascheiben und schließt den Knödel, indem du den übrigen Teig auf die Füllung drückst. Während dieser Zeit wird der Knödel bereits gebraten.

5. Um ihn im Stück zu wenden, decke die Pfanne mit einem großen Teller ab und drehe sie auf den Kopf. Der Knödel liegt nun auf dem Teller und kann zum Braten der anderen Seite wieder in die Pfanne gleiten.

 Das Rezept als Video:
www.leckerschmecker.me/pfannenknoedel/

PIZZA-BURGER

Zubereitung: ca. 25 Min (+ Teig 60 Min gehen lassen) | Portionen: 4 | Backen: 200 °C - 10 Min

Dafür brauchst du:

Teig
500 g Mehl • 4 g Trockenhefe • 1 TL Zucker • ½ TL Salz • 10 ml Olivenöl • 250 ml Wasser

Füllung
500 g Hackfleisch • 12 Scheiben Salami • 250 g Mozzarella • 200 g gebratenen Bacon • 4 große Scheiben Tomate

So geht's:

1. Verknete die Zutaten für den Teig gut miteinander und lass die Masse in einer mit einem sauberen Handtuch abgedeckten Schüssel für 1 Stunde an einem warmen Ort gehen.

2. Zupfe pro Portion etwa ein Fünftel vom fertigen Teig, forme dieses zu einer Kugel und rolle sie zu einem runden Fladen aus. Bemehle die Innenfläche einer kleinen Schüssel und lege den Teig über diese. Der Teig überlappt dabei den Schüsselrand. Drücke den Teig sanft auf den Boden der Schüssel und presse den über den Rand stehenden Teig um die Schüssel.

3. Bedecke den Boden des Teiges mit einer Schicht Mozzarella. Auf diesen legst du mehrere kurze Streifen Bacon, gefolgt von einer Tomatenscheibe.

4. Forme das Hackfleisch zu vier gleich großen, gleichmäßig geformten Burgern und brate sie beidseitig braun an. Gerne kannst du die Burger nach deinen persönlichen Vorlieben würzen. Die fertigen Burger legst du in den Pizzateig.

5. Um die Burger zu schließen, formst du aus dem noch verbliebenen Fünftel Pizzateig vier kleine Fladen, mit denen du die Füllung abdeckst. Schlage nun den über den Schüsselrand stehenden Teig um und drücke ihn fest.

6. Stürze die Pizza-Burger aus den Schüsseln, lege sie auf ein Backblech und schneide ihre Oberseite kreuzförmig ein. Bestreue die Oberseiten mit etwas Mozzarella und lege je drei Scheiben Salami auf sie. Bei 200 °C backst du sie für 10 Minuten.

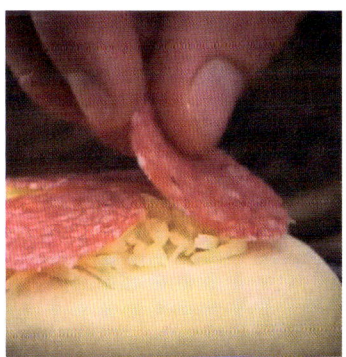

 Das Rezept als Video: www.leckerschmecker.me/pizzaburger/

ROSENKOHL-HACK-AUFLAUF

🧑‍🍳 *Zubereitung: ca. 40 Min* 🍴 *Portionen: 6 - 8*

♨ *Backen: 185 °C - 15 Min*

Dafür brauchst du:

Hackfleischbällchen

300 g Rinderhack • 1 Zwiebel • 1 EL Paprikapulver

Püree

350 g mehligkochende Kartoffeln • 125 ml Milch • 20 g Butter • ½ TL Muskat •
1 Ei • Salz • Pfeffer

Außerdem

350 g Rosenkohl • 75 g Mozzarella

So geht's:

1. Putze den Rosenkohl, schneide den Strunk kreuzweise ein und gare die Röschen in kochendem Salzwasser etwa 6 bis 8 Minuten.

2. Vermenge das Rinderhack, die Zwiebel und das Paprikapulver miteinander, forme daraus kleine Bällchen, die etwa so groß sind wie die Rosenkohl-Röschen, und brate sie in etwas heißem Öl rundherum braun an.

3. Koche die Kartoffeln und gib sie zusammen mit der Milch, der Butter, dem Muskat sowie einer Prise Salz und Pfeffer in eine Schüssel und püriere alles miteinander. Rühre zudem das Ei unter das Püree.

4. Ordne den Rosenkohl und die Hackfleischbällchen in einer Auflaufform an und verteile darüber das Püree. Streue anschließend den Mozzarella darüber und gib alles für 15 Minuten bei 185 °C in den Backofen.

 Das Rezept als Video:
www.leckerschmecker.me/rosenkohl-hack-auflauf/

BETRUNKENES HUHN

🍳 Zubereitung: ca. 15 Min 🍴 Portionen: 4

♨ Backen: 160 °C – 60 Min

Dafür brauchst du:

Fleisch
1 ganzes Hähnchen • 100 ml Bier

Marinade
1 EL Balsamico • 3 TL Olivenöl • 3 TL Honig • 1 EL Senf • 1 EL Tomatenmark •
1 TL Knoblauchpulver • 1 TL Rosmarin • 1 TL Paprikapulver •
Salz • Pfeffer • 4 EL Bier

Beilage
200 g Kartoffeln • Olivenöl • Salz • Pfeffer

So geht's:

1. Fülle zunächst das Bier in ein Glas und stülpe das Hähnchen auf dieses Glas.

2. Rühre die Marinade aus den oben angegebenen Zutaten an und bestreiche damit das Hähnchen.

3. Stelle das Glas mit dem Hähnchen auf ein Backblech und verteile die Kartoffeln, die du zudem mit Olivenöl bestreichst und mit einer Prise Salz und Pfeffer versiehst, darum herum.

4. Stelle das Blech mit dem Hähnchen und den Kartoffeln für 60 Minuten bei 160 °C in den Ofen. Achte darauf, dass das Hähnchen auf dem Glas Bier hochkant in den Ofen passen muss. Den Ofen nicht vorheizen, damit sich das Glas nicht zu schnell erhitzt und reißt.

 Das Rezept als Video:
www.leckerschmecker.me/betrunkenes-huhn/

KARTOFFELPÜREE-AUFLAUF

Zubereitung: ca. 30 Min   Portionen: 6 - 8

Backen: 190 °C - 30 Min

Dafür brauchst du:

1 kg gekochte Kartoffeln • 250 g Frischkäse • 1 Prise Muskatnuss • Salz •
Pfeffer • Pflanzenöl • 500 g Hackfleisch • 1 gewürfelte Zwiebel •
3 gehackte Knoblauchzehen • 1 EL Rosmarin • 250 ml Tomatensoße •
2 zerkleinerte Tomaten • 75 g geriebenen Parmesan •
200 g geriebenen Mozzarella

So geht's:

1. Zerdrücke die Kartoffeln und mische sie in einer großen Schüssel mit Frischkäse sowie Muskatnuss und salze alles gut.

2. Erhitze etwas Öl in einer Pfanne, gib das Hackfleisch hinzu und brate es braun an. Füge dann Zwiebeln, Knoblauch, Salz, Pfeffer und Rosmarin hinzu.

3. Nachdem die Zutaten eine Weile gegart wurden, gibst du die Tomatensoße und die frischen Tomaten hinzu.

4. Wenn du eine komplett hitzebeständige Pfanne hast, also ohne Kunststoffgriffe, kannst du den Auflauf gleich darin zubereiten. Gib den Parmesan auf das Fleisch, darüber das Kartoffelpüree und zum Schluss den Mozzarella obendrauf. Dann backst du den Auflauf bei 190 °C für 30 Minuten.

 Das Rezept als Video:
www.leckerschmecker.me/kartoffelpueree-auflauf/

POMMES-TORTE

👨‍🍳 Zubereitung: ca. 15 Min   🍴 Portionen: 6 - 8

📄 Backen: 180 °C - 10 Min + 200 °C - 15 Min

Dafür brauchst du:

200 g Pommes frites • 250 g gewürfelten Kochschinken • 10 Eier •
100 g Sahne • 120 g geriebenen Cheddar • 120 g gewürfelte Zwiebel •
je 60 g rote und grüne gewürfelte Paprika • 2 gehackte Knoblauchzehen •
etwas Pflanzenöl • Salz

So geht's:

1. Gib die Pommes frites auf ein Blech und backe sie bei 180 °C für 10 Minuten.

2. Erhitze ein wenig Öl in einer feuerfesten Pfanne und füge Zwiebel sowie Paprika hinzu. Lass die Zutaten einen Moment anbraten, ehe du Knoblauch und Kochschinken dazugibst.

3. Vermenge die Eier mit Sahne und gieße diese Mischung über den Pfanneninhalt. Ohne zu rühren, gibst du schließlich noch den Käse obenauf und platzierst darauf strahlenförmig die Pommes frites. Würze diese mit Salz und gib die Pfanne für 15 Minuten bei 200 °C in den Ofen.

 Das Rezept als Video:
www.leckerschmecker.me/pommes-torte/

SCHNITZEL-GRATIN MIT CURRY

Zubereitung: ca. 25 Min Portionen: 6 - 8

Backen: 180 °C - 30 Min

Dafür brauchst du:

600 g Schnitzel (pro Portion ca. 80-100 g) • 300 g braune Champignons • 300 ml Sahne • 120 g geriebenen Käse • 50 g gewürfelten Bacon • 2 Stangen Frühlingslauch, in Ringen • 1 gewürfelte Zwiebel • 1 EL Curry • 1 TL Paprika • Salz • Pfeffer • etwas Pflanzenöl

So geht's:

1. Lege drei Schnitzel nebeneinander auf den Boden einer Auflaufform, bestreue sie mit der Hälfte des Käses und lege die übrigen Schnitzel darauf.

2. Erhitze etwas Öl in einer Pfanne, gib Bacon, Zwiebel und Champignons dazu und brate die Zutaten an. Füge nun die Sahne hinzu und würze mit Curry, Paprika, Salz und Pfeffer. Nun lässt du die Soße etwa 5 Minuten köcheln.

3. Gib die Soße in die Auflaufform und verteile den übrigen Käse sowie den Frühlingslauch darauf. Dann wird das Gratin bei 180 °C für 30 Minuten im Ofen gebacken.

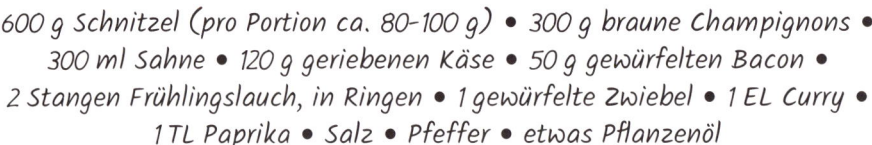

 Das Rezept als Video:
www.leckerschmecker.me/schnitzelgratin/

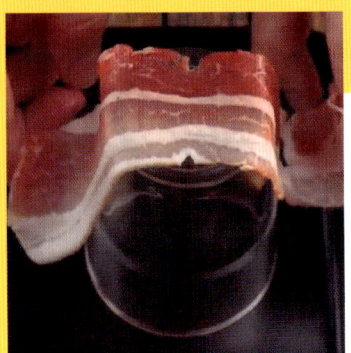

KÄSENUDELN IM BACONKÖRBCHEN

Zubereitung: ca. 15 Min Portionen: 2

Backen: 200 °C - 15 Min

Dafür brauchst du:

250 g Linguine-Pasta • 100 g gewürfelten Parmesan •
100 g geriebenen Mozzarella • 150 g Frischkäse • 1 TL Pfeffer •
1 TL gehackten Schnittlauch • 1 gehackte Knoblauchzehe • 8 Scheiben Bacon

So geht's:

1. Koche die Pasta in Salzwasser und gieße sie ab. Nun gibst du alle drei Käsesorten dazu. Füge außerdem Pfeffer, Schnittlauch und Knoblauch hinzu und mische die Zutaten mit der warmen Pasta, bis aus dem Käse eine cremige Soße geworden ist.

2. Stelle zwei Gläser kopfüber auf ein Backblech. Zwei Scheiben Bacon legst du gekreuzt über den Glasboden. Zwei weitere Scheiben werden um den Rand des Glases gewickelt. So werden die Gläser bei 200 °C für 15 Minuten in den Ofen gestellt.

3. Nach dem Backen sollte der Bacon so fest sein, dass man ihn problemlos vom Glas ziehen kann, ohne dass er die Form verliert. Fülle die Bacon-Körbchen mit der Pasta und serviere sie.

 Das Rezept als Video:
www.leckerschmecker.me/pasta-im-koerbchen/

LASAGNE-KUCHEN

Zubereitung: ca. 30 Min | Portionen: 6 - 8 | Backen: 150 °C - 20 Min

Dafür brauchst du:

30 gekochte Lasagneplatten • 100 g Salami, in Scheiben • 150 ml Béchamelsoße • 150 g geriebenen Mozzarella

Pesto

1 Bund Basilikum • 75 g geröstete Pinienkerne • 70 g geriebenen Parmesan • 1 Knoblauchzehe • 125 ml Olivenöl

Soße

500 g Hackfleisch • 75 g gewürfelte Zwiebeln • 1 gehackte Knoblauchzehe • 200 ml Tomatensoße • Salz • Pfeffer • 1 EL getrocknetes Basilikum

So geht's:

1. Lege eine große Schale mit gekochten Lasagneplatten aus. Diese überlappen sich dabei stets etwas.

2. Die erste Schicht darauf bilden Salamischeiben. Auf diese streichst du einige Esslöffel Béchamelsoße, die du zuvor mit 75 g geriebenem Mozzarella vermengt hast. Bedecke die Soße mit weiteren Lasagneplatten. Es folgen Salamischeiben, Béchamelsoße und Lasagneplatten.

3. Um das Pesto zuzubereiten, zerkleinere alle erforderlichen Zutaten und mische sie. Gib einige Esslöffel davon auf die Lasagne. Decke das Pesto mit weiteren Lasagneplatten ab. Nun folgt eine weitere Schicht Pesto, dann Lasagneplatten.

4. Brate für die Soße das Fleisch an. Füge dann Zwiebel und Knoblauch hinzu, fülle mit Tomatensoße auf und würze mit Salz, Pfeffer und Oregano. Lass die Soße etwas einkochen und rühre zum Schluss den übrigen Mozzarella unter. Gib eine Schicht Soße auf die Lasagne, decke sie ab und schließe den Kuchen mit einer letzten Schicht Soße und Lasagneplatten ab. Zum Schließen klappst du die überstehenden Lasagneplatten nach innen um. Wenn du etwas Béchamelsoße an diese Stelle gibst, haften die Platten besser aneinander.

5. Zum Schluss wird der Lasagnekuchen bei 150 °C für 20 Minuten gebacken.

 Das Rezept als Video: www.leckerschmecker.me/lasagnekuchen/

HÄHNCHEN IM BLÄTTERTEIG

Zubereitung: ca. 25 Min | Portionen: 1

Backen: 180 °C - 30 Min

Dafür brauchst du:

1 Hähnchenbrust • 1 Portion Blätterteig • 80 g Mozzarella •
4 Scheiben rohen Schinken • 1 EL Frischkäse • 1 verquirltes Ei •
1 EL gehackten Schnittlauch • Öl zum Braten • Salz • Pfeffer

So geht's:

1. Schneide die Hähnchenbrust ein und klappe sie auf. Würze sie mit Salz und Pfeffer, verteile den Frischkäse auf einer Hälfte und belege diesen mit Mozzarella. Nun streue noch Schnittlauch auf die Füllung und klappe das Fleisch wieder zu.

2. Wickle es in den Schinken ein, erhitze Öl in einer Pfanne und brate das Fleisch auf beiden Seiten an.

3. Lege die gebratene Hähnchenbrust auf eine Hälfte des Blätterteigs, bestreiche die freien Teigflächen mit Ei und schlage die zweite Teighälfte darauf. Mit den Zinken einer Gabel drückst du die Teigränder rundherum fest. Nun bestreiche auch die Oberseite des Teigs vollständig mit Ei.

4. Zum Schluss wird das Gericht bei 180 °C für 30 Minuten im Ofen gebacken.

 Das Rezept als Video:
www.leckerschmecker.me/haehnchen-im-blaetterteig/

PASTA-KUCHEN

👨‍🍳 Zubereitung: ca. 30 Min   🍴 Portionen: 6 - 8

📄 Backen: 180 °C - 30 Min

Dafür brauchst du:

500 g Rigatoni • 800 g Pizzatomaten aus der Dose • 400 g gehacktes Rindfleisch • 300 g Mozzarella, gerieben • 150 g Parmesan, fein gerieben • 2 TL Olivenöl • 2 Knoblauchzehen, klein geschnitten • 1 TL Pfeffer • 2 TL Salz

So geht's:

1. Koche die Rigatoni in Salzwasser und mische sie in einer großen Schüssel mit dem Parmesan.

2. Nun nimmst du dir eine Springform und stapelst die Nudeln einzeln aufrecht stehend in die Form.

3. In einer Pfanne erhitzt du Olivenöl und gibst die Knoblauchzehen dazu. Gib Acht, dass der Knoblauch nicht verbrennt.

4. Dann fügst du das Hackfleisch hinzu, außerdem Pfeffer und Salz. Mische die Zutaten und warte, bis das Hackfleisch überall gleichmäßig angebraten ist.

5. Als Nächstes kommen die Pizzatomaten dazu. Mische die Soße gut durch und gib sie Kelle für Kelle auf die Nudeln in der Springform. Zu guter Letzt gibst du den gesamten Mozzarella darauf und backst den Pastakuchen bei 180 °C für 30 Minuten im Ofen. Nach dem Backen löst du behutsam die Springform ab und schneidest Stücke wie bei einem Kuchen heraus.

 Das Rezept als Video:
www.leckerschmecker.me/pastakuchen/

MEXIKANISCHER HÄHNCHENAUFLAUF

🍳 Zubereitung: ca. 15 Min   🍴 Portionen: 3

🔥 Backen: 175 °C - 90 Min

Dafür brauchst du:

3 Hähnchenbrüste • 230 g ungekochten Basmatireis • 480 ml Tomatensoße •
250 g Kidneybohnen • 220 g Mais • 250 ml Hühnerbrühe • 90 g geriebenen Käse •
1 TL Cayenne-Pfeffer • 1 TL schwarzen Pfeffer • 2 TL Salz • 2 TL Oregano

So geht's:

1. Wasche den Reis ab und gib ihn ungekocht mit Bohnen und Mais in eine Auflaufform.

2. Nun kommen die Gewürze dazu: Cayenne-Pfeffer, schwarzer Pfeffer, Salz und Oregano. Schütte nun Tomatensoße und Hühnerbrühe dazu und verrühre alles miteinander.

3. Lege die Hähnchenbrustfilets auf die Mischung und gib noch etwas Salz und Pfeffer auf das Fleisch. Decke die Auflaufform mit Aluminiumfolie ab und gare das Gericht 90 Minuten bei 175 °C.

4. Nach dieser Zeit entfernst du die Folie und verteilst den Käse auf den Hähnchenbrustfilets.

5. Sobald der Käse geschmolzen ist, kannst du den Tisch decken. Der Käse sollte nicht braun werden.

 Das Rezept als Video:
www.leckerschmecker.me/mexikanischer-auflauf/

NUDELPFANNE MIT HACKBÄLLCHEN

Zubereitung: ca. 30 Min | Portionen: 2 - 4

Backen: 180 °C - 20 Min

Dafür brauchst du:

500 g Hackfleisch • 300 g geriebenen Mozzarella •
300 g gekochte Riesenmuschelnudeln • 300 ml Gemüsebrühe • 150 ml Sahne •
200 g geviertelte Champignons • 1 gewürfelte Zwiebel • Salz • Pfeffer •
Öl zum Braten

So geht's:

1. Forme das Hackfleisch zu kleinen Bällchen und brate diese rundherum in der Pfanne gar. Gerne kannst du das Hackfleisch ganz nach deinen Vorlieben würzen.

2. Lege die Bällchen beiseite und gib nun Zwiebel und Champignons in die Pfanne. Füge Salz, Pfeffer, Gemüsebrühe und Sahne hinzu und bringe die Soße zum Kochen.

3. Füge nun 200 g Mozzarella hinzu und löse ihn unter Rühren auf. Dabei dickt die Soße ein.

4. Rühre die Hackbällchen und die vorgekochten Nudeln unter. Bestreue die Pfanne mit dem übrigen Käse und backe das Gericht bei 180 °C für 20 Minuten im Ofen.

Das Rezept als Video:
www.leckerschmecker.me/hackbaellchen-nudel-pfanne/

4 ONE-POT-PASTAGERICHTE

Zubereitung: ca. 10 Min | *Portionen: 2* | *Kochen: ca 10 - 15 Min*

Dafür brauchst du:

Farfalle in Kabanossi-Sahnesoße

400 g Pizzatomaten • 450 ml Hühnerbrühe • 300 g Farfalle • 300 g geräucherte Kabanossi, in Scheiben •
120 g geriebenen Käse • 100 ml Sahne • 1 gewürfelte Zwiebel • 1 gehackte Knoblauchzehe •
etwas Frühlingszwiebel, in Ringen • etwas Pflanzenöl • Salz • Pfeffer

So geht's:

1. Gib alle Zutaten, bis auf den Käse und die Frühlingszwiebel, in eine Pfanne oder einen Topf und koche sie miteinander auf. Erst dann fügst du den Käse hinzu.

2. Als Nächstes lässt du das Pastagericht 13 Minuten köcheln. Vor dem Servieren streust du schließlich die Zwiebelringe obenauf.

Lachs-Spinat-Tagliatelle

250 g Tagliatelle • 300 ml Gemüsebrühe • 100 ml Sahne • 100 ml Weißwein • 120 g Räucherlachs •
100 g Babyspinat • ½ gewürfelte Zwiebel • 1 gehackte Knoblauchzehe • Salz • Pfeffer

1. Gib alle Zutaten, bis auf den Lachs, in eine Pfanne oder einen Topf und lass sie unter gelegentlichem Rühren für 6 Minuten köcheln.

2. Sind die Nudeln schließlich gar, gibst du den Lachs in die Pfanne und erwärmst ihn kurz mit.

Würzige Asia-Pasta

250 g Linguine • 350 ml Wasser • 150 ml Sojasoße • 150 g Champignons, in Scheiben • 1 Zucchini, in halbierten
Scheiben • 1 Lauchzwiebel, in Ringen • 50 g Erdnüsse • 2 EL Öl • 2 EL braunen Zucker • 1 EL scharfe Soße •
2 gehackte Knoblauchzehen • ½ TL Paprikapulver • 25 g geriebenen Ingwer • etwas frischen, gehackten Koriander •
Salz • Pfeffer

1. Fülle die Zutaten, bis auf den Koriander, in eine Pfanne oder einen Topf. Abgedeckt lässt du sie für 8 Minuten köcheln.

2. Unter weiterem gelegentlichem Rühren köchelst du die Pasta einige Minuten offen weiter, ehe du sie zum Schluss mit Koriander würzt.

Bunte Wochenmarkt-Nudelpfanne

150 g Penne • 100 g Brokkoli • 200 g Paprika • 80 g Aubergine • 60 g Zucchini • 5 Kirschtomaten • ½ rote Zwiebel •
1 Knoblauchzehe • 1 TL Paprikapulver • 350 ml Wasser • 100 ml Weißwein • 40 ml Essig • 40 ml Olivenöl •
Rucola • Salz • Pfeffer

1. Gib sämtliche Zutaten, außer Rucola, in eine Pfanne oder einen Topf und lasse sie für 8 Minuten köcheln.

2. Verrühre die Pasta mit dem Gemüse und lasse das Ganze kurz weiterköcheln. Dann gibst du den Rucola dazu.

 Das Rezept als Video: www.leckerschmecker.me/one-pot-pasta/

Fröhliche Frühstücksteller

Kartoffel-Käse-Puffer

Überraschungsbrote

Zucchini-Taler

Käse-Zupfbrot

Bratkartoffel-Blumen

Spiegelei im
Paprikaring

Salami-Baguette im
Baconmantel

Blumenkohl-Käse-
Sandwich

Pizza am Stiel

SNACKS

SALAMI-BAGUETTE IM BACONMANTEL

🧑‍🍳 Zubereitung: ca. 25 Min 🍴 Portionen: 8 - 12

♨ Backen: 170 °C - 45 Min

Dafür brauchst du:

1 Baguette • 30 g Mayonnaise • 350 g Salami • 150 g geriebenen Mozzarella • 30 g Ketchup • 200 g Sandwichkäse • 350 g Bacon

So geht's:

1. Schneide das Baguette der Länge nach auf, doch gib acht, es nicht gänzlich zu durchtrennen.

2. Bestreiche das aufgeklappte Baguette mit der Hälfte der Mayonnaise. Auf diese legst du ein Drittel der Salamischeiben. Gib die Hälfte des Mozzarellas auf die Wurst und bedecke ihn mit einem weiteren Drittel Salamischeiben. Auf diese gibst du die Hälfte des Ketchups, den du mit Sandwichkäse bedeckst. Nun folgen der Rest von Ketchup und Mayonnaise, darauf gibst du ein letztes Mal Salamischeiben. Bedecke diese mit der übrigen Hälfte Mozzarella. Nun drücke das Baguette behutsam zusammen.

3. Lege die Baconstreifen längsseitig leicht überlappend nebeneinander und dann das Baguette darauf. Dann beginnst du, das Baguette mit dem Bacon zu umwickeln. Im Ofen backst du es nun bei 170 °C für 45 Minuten.

 Das Rezept als Video:
www.leckerschmecker.me/bacon-baguette/

SPIEGELEI IN DER BACKKARTOFFEL

🧑‍🍳 Zubereitung: ca. 15 Min   🍴 Portionen: 2

📄 Backen: 180 °C - 40 Min + 20 Min

Dafür brauchst du:

1 große Kartoffel • 2 Eier • 1 EL geriebenen Parmesan • ½ TL Thymian •
1 gehackte Knoblauchzehe • 1 EL Butter • Salz • Pfeffer

So geht's:

1. Teile die Kartoffel mittig und backe sie bei 180 °C für 40 Minuten. Danach wird ihr weiches Inneres mit einem Löffel ausgehöhlt.

2. Das Innere der Kartoffel gibst du zusammen mit Parmesan, Thymian, Knoblauch, Butter sowie je einer Prise Salz und Pfeffer in eine Schale, dann zerdrückst und vermengst du die Zutaten.

3. Drücke die gewürzte Kartoffelmasse in die ausgehöhlten Kartoffelhälften und lass ein Ei auf jede Hälfte gleiten. So backst du sie bei 180 °C für 20 Minuten.

 Das Rezept als Video:
www.leckerschmecker.me/ei-in-kartoffel/

GRIECHISCHER PIZZARING

Zubereitung: ca. 30 Min | Portionen: 8

Backen: 180 °C - 20 Min

Dafür brauchst du:

1 Blätterteig (28 cm Durchmesser) • 3 kleine Tomaten (in Scheiben geschnitten) •
1 kleine Zucchini (in Scheiben geschnitten) • 3 EL Basilikumpesto •
8 kleine Mozzarellabällchen • 100 g Schafskäse (gewürfelt) • 2 EL Oregano •
1 Eigelb zum Bestreichen • 4 schwarze Oliven (in Scheiben geschnitten)

So geht's:

1. Rolle den Blätterteig gleichmäßig auf Backpapier aus. Bedecke nun mit einer Schüssel die Mitte des Teigs.

2. Um die Schüssel herum verteilst du nun ringförmig das Pesto. Danach legst du abwechselnd die Tomaten- und Zucchinischeiben auf das Pesto. Auf die Tomatenscheiben kommen nun die Mozzarellabällchen.

3. Die Zucchinischeiben belegst du mit dem gewürfelten Schafskäse. Über den gesamten Außenring streust du nun den Oregano.

4. Jetzt entfernst du die Schüssel aus der Mitte und schneidest acht gleich große „Tortenstücke" in den Blätterteig.

5. Nun krempelst du den Blätterteig an der Außenseite um, so dass er stabil an den Zucchini- und Tomatenscheiben liegt. Dann nimmst du die Spitzen aus der Mitte und klappst sie nach außen.

6. Danach bestreichst du den Blätterteig mit dem Eigelb.

7. Auf den eingeklappten Blätterteig kommen nun die Olivenscheiben.

8. Das Ganze kommt dann für 20 Minuten bei 180 °C in den Backofen.

 Das Rezept als Video:
www.leckerschmecker.me/griechischer-pizzaring/

EIWEISSBRÖTCHEN

Zubereitung: ca. 5 Min | Portionen: 9
Backen: 150 °C - 20-25 Min

Dafür brauchst du:

3 Eier • 3 EL Quark • ½ TL Backpulver • 1 Prise Stevia

So geht's:

1. Zuerst trennst du die Eier. Zu den Eigelben gibst du dann Quark und Stevia und verrührst die Zutaten gründlich.

2. Das Backpulver kommt zu den Eiweißen, die du nun mit einem Rührgerät oder einem Schneebesen steif schlägst.

3. Hebe die Eigelb-Masse behutsam unter den Eischnee.

4. Gib die Masse esslöffelweise auf ein mit Backpapier ausgelegtes Backblech und drücke sie zu kleinen Fladen flach.

5. Nun backst du sie bei 150 °C für 20 bis 25 Minuten. Ab und zu ein Blick in den Ofen schadet nicht, damit die Backwaren nicht anbrennen. Zum Schluss kannst du sie wie normale Brötchen belegen.

 Das Rezept als Video:
www.leckerschmecker.me/eiweissbroetchen/

SMILEY-FRIES

Zubereitung: ca. 30 Min Portionen: 1 - 2

Frittieren: ca. 5 Min

Dafür brauchst du:

3 mehlige Kartoffeln • 1 Ei • 3 EL Stärke • 3 EL Paniermehl • 1 TL Salz •
½ TL Pfeffer • 30 g Mehl

So geht's:

1. Schäle zunächst drei mehlige Kartoffeln, viertele sie und koche sie, bis sie weich geworden sind.

2. Gib sie dann in eine Schüssel und zerdrücke sie mit einer Gabel.

3. Jetzt musst du Stärke, Paniermehl, Salz, Pfeffer, Ei und das Mehl hinzufügen und alles gut vermischen.

4. Die Kartoffelmasse wird dann ausgerollt, damit du die Smileys ausstechen kannst: Dazu brauchst du ein Stück Backpapier, das mit Mehl bestreut wird. Den Teig legst du einfach darauf und bestreust ihn erneut mit Mehl. Lege dann eine weitere Lage Backpapier auf den Teig und rolle ihn mit einer Teigrolle aus. So bleibt nichts kleben.

5. Wenn der Teig schön flach ist, stich runde Scheiben mit einer Keksform, einem Glas oder einem Becher aus. Dann fehlt nur noch das Smiley-Gesicht: Stich die Augen mit einem Strohhalm, den Mund wiederum mit der Rundung eines Löffels aus.

6. Frittiere zum Schluss die kleinen Leckereien in heißem Öl, bis sie schön braun gebraten sind.

 Das Rezept als Video:
www.leckerschmecker.me/smiley-fries/

CHEESEBURGER-RING

🧑‍🍳 Zubereitung: ca. 20 Min 🍴 Portionen: 4 - 6 Backen: 190 °C - 15 Min

Dafür brauchst du:

Fleisch
500 g Hackfleisch • 1 gewürfelte Zwiebel • Salz • Pfeffer • 1 EL Senf • 1 EL Ketchup • Olivenöl

Teig
1 fertigen Blätterteig

Belag
12 halbe Scheiben Käse • 12 Scheiben Gewürzgurke

Garnierung
1 verquirltes Ei, Sesam

So geht's:

1. Brate das Hackfleisch in heißem Olivenöl gut durch. Gib die Zwiebelwürfel hinzu und würze mit Salz, Pfeffer, Senf und Ketchup. Mische alles gut durch.

2. Für den Fladenbrotteig legst du nun den Blätterteig auf ein Schneidbrett. Halbiere zunächst den Teig mit einem Messer. Schneide dann beide Hälften in je sechs Dreiecke.

3. Das Wesentliche bei diesem Rezept ist die Anordnung der Teigstücke, da der Burger sonst keine Ringform erhält: Lege die Stücke in Sternform auf ein mit Backpapier ausgelegtes Backblech. Verteile die Hackfleischmischung auf dem inneren Ring – aber nicht auf den Spitzen des Sterns. Nun verteilst du die Käsescheiben gleichmäßig auf dem Ring. Jede Käsescheibe belegst du dann noch mit einer Scheibe Gewürzgurke. Um dem Werk eine runde Form zu geben, klappst du jetzt die Spitzen des Teigsterns nach innen über die Füllung.

4. Nun bestreichst du den Teig mit Ei und streust als letzten Schliff ein wenig Sesam darauf.

5. Das Ganze kommt bei 190 °C für 15 Minuten in den vorgeheizten Backofen.

 Das Rezept als Video: www.leckerschmecker.me/cheeseburger-ring/

BLUMENKOHL-KÄSE-SNACK

Zubereitung: ca. 15 Min Portionen: 8 - 12

Backen: 170 °C - 25 Min + 10 Min

Dafür brauchst du:

1 Kopf Blumenkohl • 400 g geriebenen Mozzarella • 100 g geriebenen Parmesan •
2 Eier • ½ TL Oregano • 2 gehackte Knoblauchzehen • Salz • Pfeffer •
frische, gehackte Petersilie zum Garnieren

So geht's:

1. Zerreibe zunächst den Blumenkohl vollständig.

2. Füge nun alle anderen Zutaten, aber nur 100 g Mozzarella, und je eine gehörige Portion Salz und Pfeffer hinzu, die du nach deiner persönlichen Vorliebe dosierst. Mische die Zutaten und gib die Masse auf ein Backblech. Drücke die Masse mit den Händen flach und backe sie bei 170 °C für 25 Minuten.

3. Nach dem Backen gibst du die übrigen 300 g Mozzarella auf die Blumenkohl-Masse. Pfeffere noch einmal nach und stelle das Blech noch einmal bei gleicher Temperatur für 10 Minuten in den Ofen.

 Das Rezept als Video:
www.leckerschmecker.me/blumenkohl-kaese-snack/

🍳 Zubereitung: ca. 3 Min 🍴 Portionen: jeweils 1
🍳 Braten: ca. 3 Min

Dafür brauchst du:

Wiener Würstchen • Eier • Zahnstocher • Schaschlikspieße

So geht's:

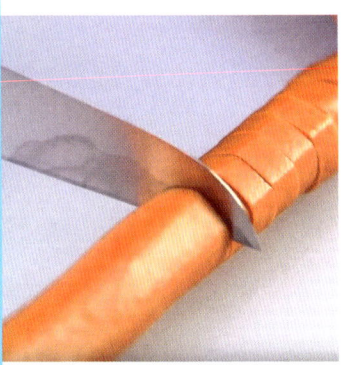

Variante 1. Schneide für den ersten fröhlichen Frühstücksteller das Würstchen auf fast der gesamten Länge auf, ohne es jedoch komplett zu halbieren, und forme es mithilfe eines Zahnstochers zu einem Herz. Dieses kannst du nun als Form verwenden, um darin ein Spiegelei zu braten.

Variante 2. Stecke einen Schaschlikspieß in eines der Würstchenenden. Lass den Holzspieß und damit das Würstchen um seine Längsachse rotieren, um dieses spiralförmig aufzuschneiden. Lege es anschließend als Kreis in die Pfanne, um eine weitere Form zu haben, in der du Spiegeleier zubereiten kannst.

Variante 3. Für die dritte Variante schneidest du das Würstchen zu ungefähr zwei Dritteln längs auf und halbierst diese beiden Stränge nochmals. Die daraus entstandenen vier Stränge halbierst du ein weiteres Mal. Gekocht und mit einem Senfgesicht versehen, erhältst du ein Würstchen in Krakenform, das du auf einen Berg Rührei setzen und servieren kannst.

Variante 4. Schneide die beiden Enden eines Würstchens diagonal ab und befestige sie mit einem Zahnstocher aneinander, damit sie wie kleine Herzen aussehen, wenn du sie brätst und mit Rührei auftischst.

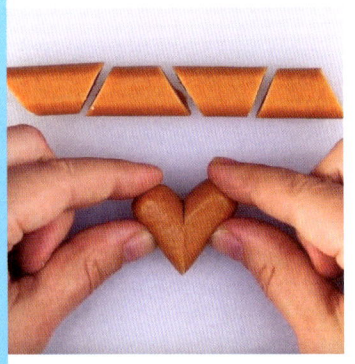

 Das Rezept als Video:
www.leckerschmecker.me/vierfach-froehlich/

1.

2.

3.

4.

PIZZA AM STIEL

🧑‍🍳 Zubereitung: ca. 15 Min   🍴 Portionen: 4

🔲 Backen: 170 °C - 20 Min

Dafür brauchst du:

1 Rolle Pizzateig • 4 EL Tomatensoße • 4 Scheiben Serrano-Schinken •
8 Blätter Basilikum • 80 g geriebenen Mozzarella • 1 Ei • 3 Scheiben Bacon •
40 g geriebenen Cheddar • 4 Eisstiele

So geht's:

1. Stich mithilfe einer länglichen Form (z.B. einer Vorratsdose) acht Teile aus dem Pizzateig. Auf vier dieser Portionen drückst du auf die Unterseite einen Eisstiel aus Holz.

2. Bestreiche diese Teigportionen mit jeweils einem Löffel Tomatensoße. Außerdem kommen jeweils eine Scheibe Schinken, zwei Blätter Basilikum und 20 g Mozzarella hinzu.

3. Nun bepinselst du die Ränder des Teigs mit Ei und legst eine zweite Portion Teig darauf. Drücke die Ränder vorsichtig zusammen. Das Ei wirkt dabei wie Klebstoff.

4. Schneide den Bacon in Würfel und brate ihn in der Pfanne knusprig.

5. Jetzt streust du auf jede Pizza am Stiel noch Cheddar und Bacon-Würfel.

6. Backe die Pizza für 20 Minuten bei 170 °C Ober-und-Unterhitze.

 Das Rezept als Video:
www.leckerschmecker.me/pizza-am-stiel/

KARTOFFEL-KÄSE-PUFFER

Zubereitung: ca. 20 Min | Portionen: 6

Backen: 200 °C - 20 Min

Dafür brauchst du:

4 mittelgroße Kartoffeln • 30 g geschmolzene Butter • 120 g geriebenen Cheddar •
10 g gehackten Schnittlauch • 2 Eier • 1 gehackte Knoblauchzehe •
1 TL Oregano • Salz • Pfeffer

So geht's:

1. Reibe die Kartoffeln und bade sie in Eiswasser. Knete die Kartoffelfäden währenddessen einmal gut durch, dann lasse sie 10 Minuten im Wasser stehen, um die Stärke auszuwaschen. Dadurch werden die Puffer später richtig schön kross.

2. Gieße dann das Wasser ab und drücke die Kartoffeln aus. Füge alle übrigen Zutaten zu und mische sie.

3. Forme den Teig mit den Händen zu ovalen Fladen und lege sie auf ein Backblech. Backe sie für 20 Minuten bei 200 °C.

 Das Rezept als Video:
www.leckerschmecker.me/kartoffel-kaese-puffer/

PIZZA-BROTSCHEIBE

👨‍🍳 Zubereitung: ca. 10 Min 🍴 Portionen: 1

♨ Braten: ca. 5 Min

Dafür brauchst du:

1 Brotscheibe • Pflanzenöl zum Braten • ¼ gewürfelte, grüne Paprika •
1 Scheibe gewürfelte Salami • 1 Scheibe gewürfelten Schinken • 1 Ei •
geriebenen Mozzarella

So geht's:

1. Entrinde die Brotscheibe mit einem scharfen Messer. Die Rinde muss dabei intakt bleiben, sodass sie einen Ring bildet.

2. Erhitze etwas Öl in einer Pfanne, gib Paprika, Salami und Schinken dazu und brate die Zutaten braun an.

3. Mische Ei und Käse in einer Schüssel. Dann schiebst du die Zutaten in der Pfanne in die Mitte und legst die Brotrinde wie einen Rahmen drumherum. Fülle die Scheibe mit der Ei-Käse-Mischung auf. Darauf presst du anschließend noch das zu Beginn herausgeschnittene Innere der Scheibe.

4. Brate schließlich die Brotscheibe von beiden Seiten hellbraun an.

 Das Rezept als Video:
www.leckerschmecker.me/pizzabrot/

ZUCCHINI-TALER

 Zubereitung: ca. 20 Min 🍴 Portionen: 8

♨ Braten: ca. 10 Min

Dafür brauchst du:

1 Zucchini • Pflanzenöl • 80 g Frischkäse • 50 g Blattspinat •
80 g gewürfelten Kochschinken • 80 g geriebenen Mozzarella • 200 g Paniermehl
• 100 g Mehl • 2 verquirlte Eier • Salz • Pfeffer

So geht's:

1. Wasche die Zucchini, schneide Stiel und Blütenansatz ab und den Rest in acht dicke Scheiben. Aus diesen schneidest oder stichst du das Kerngehäuse aus, sodass ein Zucchini-Ring übrig bleibt. Das entfernte Kerngehäuse schneidest du in kleine Würfel.

2. Erhitze etwas Öl und brate diese Würfelchen darin an. In einem separaten Schälchen vermengst du sie danach mit Frischkäse, Blattspinat, Kochschinken und Mozzarella. Mit einer Prise Salz und Pfeffer bekommt die Mischung den letzten Pfiff.

3. Fülle die Mischung in die ausgehöhlten Zucchiniringe. Zum Panieren wälzt du die Ringe erst in Mehl, dann in Ei, schließlich in Paniermehl. So ummantelt, brätst du sie in heißem Fett beidseitig goldgelb an.

Das Rezept als Video:
www.leckerschmecker.me/zucchinitaler/

y

z

w

SPIEGELEI IM PAPRIKARING

👨‍🍳 *Zubereitung: ca. 5 Min* 🍴 *Portionen: 2*

♨️ *Braten: ca. 10 - 12 Min*

Dafür brauchst du:
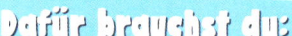

1 grüne Paprika • 1 EL Butter • 1 mittelgroße Tomate • 2 Eier •
Salz • Pfeffer • frischen Dill

So geht's:

1. Schneide den oberen und den unteren Teil („Deckel" und „Boden") von der Paprika ab,
entferne die Kerne und schneide die Schote in dicke Ringe.

2. Zerlasse die Butter in einer Pfanne, brate zwei Paprikaringe von beiden Seiten an und
lege dann jeweils eine Scheibe Tomate in die Ringe. Auf diese lässt du anschließend das Ei
gleiten, das nun noch gesalzen und gepfeffert wird.

3. Als Nächstes wird das Ei bei geschlossener Pfanne 10 bis 12 Minuten gegart und schließlich
mit etwas frischem Dill garniert.

 Das Rezept als Video:
www.leckerschmecker.me/ei-im-ring/

3 ÜBERRASCHUNGSBROTE

 Zubereitung: ca. 10 Min | Portionen: ca. 13 | Backen: 180 °C - 15 Min

Dafür brauchst du:

1 kastenförmiges Weißbrot • 1 Ei • 50 ml Milch

So geht's:

1. Obwohl die drei Varianten eine unterschiedliche Füllung erhalten, bleibt die Grundlage des Rezepts stets gleich. Der erste Schritt für jede Variante besteht darin, das Weißbrot in 13 toastbrotdicke Scheiben zu schneiden und dann im Ganzen den Boden und den unteren Rand mit Alufolie zu umwickeln, sodass die Kastenform des Brotes erhalten bleibt.

2. Nachdem du die jeweilige Füllung im Brot verteilt hast, verquirlst du das Ei, mischst es mit der Milch und gießt die Flüssigkeit gleichmäßig über das Brot.

3. Auch der letzte Schritt ist bei allen Varianten gleich: Sobald das Brot bereit für den Ofen ist, packst du es vollständig in Alufolie ein. Es wird für ca. 15 Minuten bei 180 °C im Ofen gebacken.

Käse und Schinken

12 Scheiben Käse • 12 Scheiben Schinken • getrockneten Oregano

1. Für diese Version brauchst du nichts weiter zu tun, als die Käse- und die Schinkenscheiben in die Spalten des Brots zu stecken, die Eier-Milch-Mischung darüberzugießen und dann noch nach Belieben Oregano darüberzustreuen.

2. Als Letztes kümmerst du dich um Schritt 3 des Grundrezepts.

Camembert und Preiselbeermarmelade

2 Stück Camembert • Preiselbeeren aus dem Glas

1. Für diese Variante teilst du die zwei Camemberts zuerst in je zwei Halbkreise, stellst sie auf die Schnittfläche und schneidest dann die Hälften in Scheiben. Schiebe diese in die Brotspalten.

2. Nachdem du die Eier-Milch-Mischung darübergegossen hast, gibst du noch die Preiselbeeren auf das Brot.

3. Zum Schluss folgt Schritt 3 aus dem Grundrezept.

Tomate und Mozzarella

12 Scheiben Mozzarella • 12 Scheiben Tomate • grünes Pesto

1. Für diesen Rezeptvorschlag schneidest du zuerst Mozzarella und Tomaten in Scheiben. Diese werden dann in die Brotspalten verteilt.

2. Gieße dann die Eier-Milch-Mischung darüber und verteile das Pesto auf dem Brot.

3. Es folgt Schritt 3 aus dem Grundrezept.

 Das Rezept als Video: www.leckerschmecker.me/ucberraschungsbrot/

KARTOFFELTÜRMCHEN

Zubereitung: ca. 30 Min | Portionen: 6
Backen: 190 °C - 50 Min

Dafür brauchst du:

1,4 kg Kartoffeln • 90 g Butter • 3 g getrockneten Knoblauch • 1 TL Thymian •
25 g Parmesan • Salz • Pfeffer

So geht's:

1. Schäle und wasche die Kartoffeln. Schneide sie dann in hauchdünne Scheiben von etwa 2 mm Dicke, idealerweise mit einem Küchenhobel.

2. Reibe den Parmesan und gib ihn auf die Kartoffeln.

3. Würze mit Salz, Pfeffer, Knoblauch und Thymian. Füge die Hälfte der Butter geschmolzen hinzu. Mische danach alles gut durch.

4. Fette 12 Muffinformen mit der restlichen Butter gut ein.

5. Staple die Kartoffelscheiben in der Muffinform aufeinander.

6. Backe dann die Kartoffeltürme bei 190 °C für etwa 50 Minuten im vorgeheizten Ofen. Lass die Türme ein paar Minuten abkühlen, löse sie dann sachte mit einem Messer aus den Formen und würze sie schließlich nochmal mit etwas Parmesan.

 Das Rezept als Video:
www.leckerschmecker.me/kartoffel-tuermchen/

GEFÜLLTER BLUMENKOHL

Zubereitung: ca. 30 Min | Portionen: 1 - 4

Backen: 170 °C - 20 Min

Dafür brauchst du:

1 Blumenkohl • 250 ml Milch • 100 g geriebenen Mozzarella • 1 rote Zwiebel •
1 grüne Paprika • 3 Scheiben Käse • 3 Scheiben Kochschinken • 2 EL Butter •
2 EL Mehl • Salz • Pfeffer • Muskatnuss

So geht's:

1. Koche den Blumenkohl im Ganzen gar.

2. Schneide Zwiebel und Paprika in Spalten. Rolle außerdem den Käse in die Schinkenscheiben ein und halbiere die Rollen.

3. Spreize die Blumenkohlröschen und stecke Zwiebel- und Paprikaspalten sowie die Schinkenrollen verteilt in den ganzen Blumenkohlkopf.

4. Schmilz die Butter in einem Topf und füge das Mehl unter stetigem Rühren mit einem Schneebesen hinzu. Gieße die Mehlschwitze mit Milch auf und würze mit Salz und Pfeffer. Reibe etwas frische Muskatnuss in die Soße und köchle sie, bis sie eingedickt ist.

5. Nun gieße die Soße über den gefüllten Blumenkohl und bestreue ihn mit Mozzarella. Bei 170 °C wird der Kohl für 20 Minuten gebacken.

 Das Rezept als Video:
www.leckerschmecker.me/gefuellter-blumenkohl/

DREIKÄSEBROT

🍳 Zubereitung: ca. 20 Min 🍴 Portionen: ca. 12

📄 Backen: 160 °C - 30 Min

Dafür brauchst du:

1 Laib Brot • 200 g Camembert • 200 g Raclettekäse • 200 g Rotschmierkäse •
100 g gewürfelten, gebratenen Bacon • 100 ml Olivenöl •
50 g gehackte Petersilie • 50 g geriebenen Parmesan •
1 gewürfelte, gebratene Zwiebel • 1 EL Rosmarin • 1 Knoblauchzehe

So geht's:

1. Schneide drei rechteckige Mulden ins Brot und höhle diese aus. Das entfernte Brot schneidest du in schmale Streifen und legst diese zunächst beiseite.

2. Schneide die drei Käsesorten in Streifen. Nun lege die Mulden mit jeweils einer Sorte Käse aus. Auf den Raclettekäse gibst du außerdem gebratene Zwiebel. Den Rotschmierkäse ergänzt du mit frischem Rosmarin. Auf den Camembert streust du Bacon. Nun gibst du auf diese Zutaten weiteren Käse, dazwischen je nach Käsesorte jeweils etwas Zwiebel, Rosmarin oder Bacon, bis du oben angekommen bist.

3. Nun mische Olivenöl mit Petersilie, Knoblauch und Parmesan.

4. Platziere das gefüllte Brot auf einem Backblech. Lege die Brotstreifen daneben und gib die Petersilien-Öl-Mischung darauf. Nun backst du das Brot bei 160 °C für 30 Minuten.

▶ Das Rezept als Video:

www.leckerschmecker.me/dreikaesebrot/

BRATKARTOFFEL-BLUMEN

🍳 Zubereitung: ca. 40 Min Portionen: 6 Backen: 180 °C - 20 Min

Dafür brauchst du:

Soße

2 rote Zwiebeln, in Ringe geschnitten • 100 g Zucker • 100 ml Balsamicoessig • 400 ml Wasser

Rosen

1 rote Zwiebel • 3 mittelgroße Kartoffeln • 100 ml Olivenöl • 1 Weichkäse (z.B. Camembert, Brie, Reblochon) • 1 Rolle Blätterteig • 6 Scheiben Bacon • Salz • Pfeffer

So geht's:

1. Bevor es an die Röschen geht, bereitest du eine würzige Zwiebelsoße zu. Dafür gibst du zwei Zwiebeln, Zucker, Balsamicoessig und Wasser in einen Topf und kochst die Zutaten auf, bis sich die Menge etwa halbiert hat. Dabei gelegentlich umrühren.

2. Ist die Soße fertig, schneidest du die dritte Zwiebel und die Kartoffeln in dünne Scheiben. Beträufele die Kartoffelscheiben mit dem Olivenöl und schneide den Käse in Scheiben.

3. Rolle den Blätterteig aus und schneide ihn vertikal in sechs gleich breite Streifen. Gib etwa 1 EL Zwiebelsoße auf jeden Streifen. Nun belegst du sie mit je einer Scheibe Bacon, darauf gibst du Kartoffelscheiben und lässt diese etwas über den Teig hinausragen. Jetzt salzen und pfeffern, nun folgen die Zwiebelscheiben, die ebenfalls etwas über den Teig hinausragen.

4. Auf die unteren Teighälften legst du einige Scheiben Weichkäse. Jetzt klappst du die Hälften nach oben um und rollst den Teig zusammen.

5. Platziere die Kartoffel-Rosen in die Mulden eines Muffinblechs und backe sie bei 180 °C für 20 Minuten.

 Das Rezept als Video: www.leckerschmecker.me/bratkartoffel-blumen/

GEFÜLLTES KNUSPER-EI

👨‍🍳 Zubereitung: ca. 25 Min 🍴 Portionen: 6

🧺 Frittieren: ca. 5 Min

Dafür brauchst du:

4 Eier • 2 EL Mayonnaise • 1 EL Ketchup • 1 EL Senf • Salz • Pfeffer • 50 g Mehl • 100 g Paniermehl • Öl zum Frittieren

So geht's:

1. Koche drei der Eier hart, halbiere sie der Länge nach und entferne dann die Eigelbe.

2. Gib die festen Eigelbe in ein Schälchen, zerdrücke sie und verrühre sie zusammen mit Mayonnaise, Ketchup und Senf zu einer Creme, die du zusätzlich mit Salz und Pfeffer würzt.

3. Paniere die Eihälften. Dafür erst im Mehl, dann im verquirlten (vierten) Ei, dann im Paniermehl wälzen. Frittiere die Hälften anschließend.

4. Zum Schluss werden die goldbraunen Hälften mithilfe eines Spritzbeutels und einer Sterntülle mit der Creme befüllt.

 Das Rezept als Video:
www.leckerschmecker.me/knusperei/

 # BLUMENKOHL-KÄSE-SANDWICH

🍳 Zubereitung: ca. 25 Min   🍴 Portionen: 1

🍞 Backen: 180 °C - 20 Min + 5 Min

Dafür brauchst du:

1 Blumenkohl • 6 Scheiben Käse • 50 g geriebenen Parmesan • 2 Eier •
20 g Weizenmehl • 20 g Mandelmehl • 1 TL Backpulver • Salz • Pfeffer

So geht's:

1. Schneide den Strunk aus dem Blumenkohl und zerreibe die Röschen. Mische den Kohl mit Weizen- und Mandelmehl, Backpulver, Eiern, Parmesan, Salz sowie Pfeffer zu einer einheitlichen Masse.

2. Gib pro Portion je zwei große Esslöffel auf ein gefettetes Backblech, drücke die Masse flach und forme sie zu einem Rechteck. Insgesamt benötigst du vier davon. Backe die Blumenkohltaler für 20 Minuten bei 180 °C im Ober-und-Unterhitze.

3. Nach dem Backen legst du auf drei der Taler je zwei Käsescheiben. Staple die Taler übereinander – ganz oben platzierst du den Taler ohne Käse – und backe das Sandwich 5 weitere Minuten bei gleicher Temperatur.

 Das Rezept als Video:
www.leckerschmecker.me/kaese-blumenkohl-sandwich/

GEBACKENE KÄSE-TOMATEN

🍳 Zubereitung: ca. 20 Min   🍴 Portionen: 3

📄 Backen: 180 °C - 20 Min

Dafür brauchst du:

3 Tomaten • Pizzateig • 3 Scheiben Schinken (gewürfelt) • 1 Mozzarella • 3 EL Olivenöl • 1 EL Oregano • Salz • Pfeffer

So geht's:

1. Köpfe die Tomaten und höhle sie mit einem Löffel aus. Bei reifen Tomaten geht das ganz leicht. Sind sie noch etwas fester, hilft ein Messer. Aber dabei nicht die Außenhaut verletzen!

2. Stich drei große Kreise aus dem Pizzateig und stülpe diese um jeweils eine Tomate. Drücke den Teig gut am Rand fest, damit er sich nicht löst. Dann füllst du die Tomaten mit Schinken.

3. Jetzt gibst du Mozzarella, Olivenöl, Salz und Pfeffer in eine Schüssel und pürierst die Zutaten. Die Masse gibst du gleichmäßig in die Tomaten und bedeckst damit den Schinken.

4. Zum Schluss streust du auf jede der Tomaten Oregano und backst sie bei 180 °C für 20 Minuten im Ofen.

Das Rezept als Video:
www.leckerschmecker.me/kaesetomaten/

GEFÜLLTE RIESEN-CHAMPIGNONS

🧑‍🍳 Zubereitung: ca. 15 Min 🍴 Portionen: 3

♨ Backen: 180 °C - 12 Min

Dafür brauchst du:

3 mittelgroße Riesenchampignons (alternativ: Portobello-Pilze) •
125 g Babyspinat • 100 g geriebenen Cheddar • 100 g Frischkäse •
75 g geriebenen Mozzarella • 2 EL Semmelbrösel • 1 Ei •
1 gehackte Knoblauchzehe • 3 EL Olivenöl

So geht's:

1. Höhle die Schirme der Pilze aus, indem du Strunk und Lamellen entfernst. Dann bepinselst du die Schirme von innen und außen mit Olivenöl.

2. Für die Füllung zerkleinerst du den Spinat und mischst ihn mit allen übrigen Zutaten.

3. Teile die Füllung auf die drei Pilze auf und streiche sie glatt. Gebacken werden die Schirme bei 180 °C für 12 Minuten.

Das Rezept als Video:
www.leckerschmecker.me/gefuellter-champignon/

KÄSE-ZUPFBROT

☁ Zubereitung: ca. 15 Min 🍴 Portionen: 6 - 8

♨ Backen: 200 °C - 20 Min + 5 Min

Dafür brauchst du:

1 Laib Brot • 300 g Mozzarella oder mehrere andere Käsesorten • 85 g Butter •
6 Lauchzwiebeln • 1-2 Knoblauchzehen • 1 Prise Salz

So geht's:

1. Schneide das Brot sowohl längs als auch quer in Streifen, sodass kleine Vierecke entstehen. Schneide bis knapp auf die Unterseite des Brotes, aber achte darauf, es nicht zu zerteilen.

2. Stecke in jede Spalte des Brotes Käse und zwar bis zum unteren Ende des Schnitts.

3. Bereite nun die Butter zu. Dazu schneidest du die Lauchzwiebeln in Ringe und vermengst sie mit der zimmerwarmen Butter, etwas Salz und dem gehackten Knoblauch.

4. Verteile die Butter gleichmäßig in den Brot-Spalten.

5. Schlage das Brot nun in Alufolie ein und backe es für 20 Minuten bei 200 °C im Ofen. Danach wird die Folie entfernt und das Brot wird für weitere 5 Minuten gebacken, bis der Käse goldbraun ist.

Das Rezept als Video:
www.leckerschmecker.me/zupfbrot/

KARTOFFEL-KRINGEL

Zubereitung: ca. 20 Min | Portionen: 4 - 5

Frittieren: ca. 5 Min

Dafür brauchst du:

500 g gekochte Kartoffeln • 40 g geriebenen Parmesan • 1 Ei • 3 EL Milch • 10 g Kartoffelstärke • Salz • Pfeffer • Pflanzenöl • Spritzbeutel

So geht's:

1. Zerstampfe die Kartoffeln und vermenge sie mit dem Ei, dem Parmesan, der Speisestärke und dem Mehl in den entsprechend angegebenen Mengen sowie mit etwas Salz und Pfeffer.

2. Fülle das Kartoffelpüree in einen Spritzbeutel um.

3. Spritze das Kartoffelpüree kringelförmig in eine Pfanne mit heißem Pflanzenöl und frittiere die Kartoffel-Kringel goldbraun.

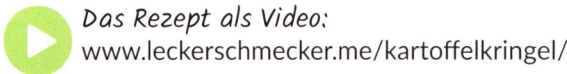

Das Rezept als Video:
www.leckerschmecker.me/kartoffelkringel/

PIZZAFONDUE IM BROT

🍳 Zubereitung: ca. 15 Min   🍴 Portionen: 2

♨ Backen: 140 °C - 30 Min

Dafür brauchst du:

ein ganzes Kastenweißbrot • 60 g gestückelte Tomatensoße • 8 Cherrytomaten •
100 g Mozzarella • 4 Stangen grünen Spargel • 60 g Basilikumpesto

So geht's:

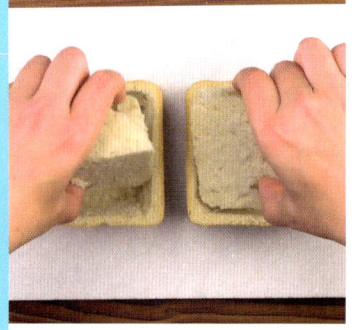

1. Schneide die beiden Enden des Weißbrotes ab, sodass du ein Mittelstück erhältst, das ungefähr halb so lang ist wie das Brot im Ganzen. Die beiden Endstücke wirst du später noch anderweitig verwenden.

2. Das Mittelstück wird halbiert und beide Hälften werden ausgehöhlt. Der Boden der beiden ausgehöhlten Hälften wird zunächst mit Pizzatomaten bedeckt. Anschließend wird ordentlich Mozzarella darauf gestreut sowie grüner Spargel und halbierte Cherrytomaten gelegt.

3. Darauf streust du nochmals eine Schicht Mozzarella und verzierst das Ganze nach Belieben, zum Beispiel mit jeweils vier Scheiben Cherrytomaten und ein paar Spargelköpfen.

4. Die beiden Endstücke schneidest du zu Streifen und bestreichst sie zu etwas mehr als der Hälfte mit Basilikumpesto. Die Brotsticks und die gefüllten Brothälften schiebst du für 30 Minuten bei 140 °C in den Ofen.

 Das Rezept als Video:
www.leckerschmecker.me/pizza-fondue/

Einhorn-
Käsekuchen

Knusprige
Erdbeerrölchen

Marzipan-Kirsch-Tiramisu

Himbeer-Kokos-Kuchen

Bananenkroketten

Luftpolsterfolien-
Kuchen

Pyramiden-
Kirschkuchen

Spaghetti-Torte

Galaxy-Kuchen

Spiegel-Torte

Erdbeerkuppeltorte

DESSERTS

# LUFTPOLSTERFOLIEN-KUCHEN

 Zubereitung: ca. 90 Min | Portionen: 6 - 8 | Backen: 155 °C - 40 Min

Dafür brauchst du:

Teig
250 g Zucker • 250 g Mehl • 250 g weiche Butter • 4 Eier • 2 EL Vanilleextrakt • ½ TL Backpulver • 1 Prise Salz

Füllung
150 g Sahne • 300 g Vollmilchschokolade

Dekoration
300 g Zartbitterschokolade • 200 g frische Blaubeeren • 150 g Erdbeeren • einige Blätter Minze • Luftpolsterfolie

So geht's:

1. Schlage Zucker und Eier mit dem Handrührgerät schaumig auf und füge unter weiterem Rühren Vanilleextrakt, Backpulver, Salz und Mehl bei. Teile die Butter in kleine Stücke und füge diese hinzu. Fülle den Teig in eine kleine Springform und backe ihn bei 155 °C für 40 Minuten.

2. Hole den Kuchen aus der Springform und halbiere ihn horizontal.

3. Erhitze für die Füllung die Sahne in einem Topf. Hacke die Vollmilchschokolade klein und füge sie hinzu. Unter stetigem Rühren erhitze beides so lange, bis die Schokolade vollständig geschmolzen ist.

4. Löffle die Hälfte der Creme auf den unteren Teil des aufgeschnittenen Kuchens. Sollte die Creme zu flüssig sein, lass sie eine Weile erkalten. Setze die obere Hälfte des Kuchens auf die Creme und bestreiche nun die Oberseite mit der übrigen Schokoladencreme.

5. Schmilz für die Kuchendekoration die Zartbitterschokolade über einem Wasserbad ein. In der Zwischenzeit kannst du ein Stück Luftpolsterfolie zurechtschneiden, das lang genug ist, um den Kuchen einmal zu umrunden, und ihn in der Höhe um etwa 2 cm überragt. Bestreiche die Luftpolsterfolie auf ihrer strukturierten Seite großzügig mit Schokolade.

6. Die Schokolade sollte nun rund 10 Minuten an der Folie antrocknen, ehe du den Kuchen mit ihr ummantelst.

7. Sobald die Schokolade vollständig ausgehärtet ist, ziehe die Folie vorsichtig ab.

8. Bedecke die Oberseite des Kuchens mit einer Schicht Blaubeeren. Darauf drapierst du schließlich noch Erdbeeren und Minze.

 Das Rezept als Video: www.leckerschmecker.me/luftpolsterkuchen/

CHURROS MIT EIS

🍴 *Zubereitung: ca. 20 Min* | 🍴 *Portionen: 3*
🧺 *Frittieren: ca. 5 Min* ❄ *Kühlen: ca. 12 Std*

Dafür brauchst du:

250 ml Wasser • 150 g Mehl • 60 g Butter • 25 g braunen Zucker •
1 TL Vanillearoma • 3 Eier • Dessertsoße • 1 Muffinform

So geht's:

1. Als Erstes musst du die Butter, den braunen Zucker und das Wasser miteinander vermischen und zum Schmelzen bringen. Wenn sich die Kochbläschen bilden, füge noch das Mehl hinzu. Dann heißt es gut umrühren, bis eine gleichförmige, feste Masse entstanden ist. Gib dann 1 TL Vanillearoma und nacheinander die drei Eier hinzu - mische das Ganze nach jedem zusätzlichen Ei gut durch. Wenn die Mischung zu einem weichen Brei geworden ist, fülle ihn in einen Spritzbeutel um. Wenn du keinen Spritzbeutel hast, kannst du auch einen Gefrierbeutel oder eine saubere Plastiktüte nehmen und eine Ecke abschneiden, durch die du den Teig drückst.

2. Jetzt muss die Muffinform vorbereitet werden. Dreh sie auf den Kopf und reibe die Außenseite mit Butter ein, damit der Teig nicht an ihr kleben bleibt. Jetzt kommt der Kniff: Trage den Teig im Spritzbeutel spiralförmig an der Außenseite auf. Danach muss die Muffinform über Nacht in den Kühlschrank, damit der Teig gut aushärten kann.

3. Am nächsten Tag musst du den Teig vorsichtig von der Muffinform ablösen und ihn dann in kochendem Öl frittieren, bis er schön goldbraun geworden ist.

4. Wenn die „Teignester" fertig sind, lege sie auf ein Küchentuch und tupfe sie vorsichtig ab. Danach einfach Zimt und Zucker darüberstreuen und mit deiner Lieblingseissorte füllen. Jetzt noch nach Wahl garnieren: Am besten eignet sich hier Schokoladen-, Karamell- oder Erdbeersoße.

Das Rezept als Video:
www.leckerschmecker.me/churro-schaelchen/

HIMBEER-KEKS-KUCHEN

🍳 Zubereitung: ca. 45 Min 🍴 Portionen: 12 📄 Backen: 200 °C - 10 Min

Dafür brauchst du:

Biskuitboden

100 g Zucker • 120 g Mehl • 2 Eier • 10 g Stärke • 1 TL Backpulver

Himbeerpudding

375 g tiefgekühlte Himbeeren • 375 ml Wasser • 185 ml Himbeersirup • 55 g Puddingpulver

Sahnecreme

400 g geschlagene Sahne

Dekoration

12 Butterkekse • 12 Himbeeren

Garnierung (optional)

Puderzucker

So geht's:

1. Um den Biskuitboden herzustellen, schlägst du zunächst die Eier mit dem Zucker schaumig. Anschließend vermischst du das Mehl mit Stärke und Backpulver und gibst dies unter die Zucker-Ei-Masse. Nun legst du eine quadratische Backform (ca. 23 cm Seitenlänge) mit Backpapier aus und verstreichst den Biskuitteig darin. Als letzten Schritt schiebst du die Form für ca. 10 Minuten in den auf 200 °C vorgeheizten Backofen.

2. Während der Biskuitboden auskühlt, lässt du den Himbeersirup mit Wasser aufkochen. Dann verrührst du das Puddingpulver mit Wasser. Anschließend rührst du die Mischung in das Himbeerwasser ein und lässt es etwas köcheln. Als Nächstes hebst du die tiefgekühlten Himbeeren unter den Himbeerpudding. Alles zusammen wird nun gleichmäßig auf dem Biskuitboden verteilt und die Form danach kaltgestellt.

3. Ist der Mix erkaltet, wird die Sahne steifgeschlagen und auf der Himbeermasse verteilt.

4. Danach belegst du die Sahne mit den Butterkeksen.

5. Um auch die oberste Schicht schön zu gestalten, verzierst du alle Kekse noch mit jeweils einem Tupfen Sahne und einer frischen Himbeere, bevor du den Kuchen in Stücke schneidest.

6. Als Garnierung kannst du noch ein wenig Puderzucker auf das vollendete Werk sieben.

 Das Rezept als Video: www.leckerschmecker.me/himbeer-keks-kuchen/

ECLAIR-KUCHEN

⌂ Zubereitung: ca. 90 Min   🍴 Portionen: 6 - 8

❄ Kühlen: ca. 12 Std

Dafür brauchst du:

1 kg Vanillepudding • 1 Flasche Rama Cremefine zum Schlagen • Vollkornbutterkekse (alternativ Butterkekse) • 6 EL Milch • 220 g Puderzucker • 50 g Butter, geschmolzen • 3 EL Kakaopulver • 1 Prise Salz

So geht's:

1. Puddingpulver nach Packungsanweisung, jedoch mit 900 ml Milch statt 1000 ml, zubereiten, so wird der Pudding nicht zu flüssig. Mit Frischhaltefolie abdecken und 1 Stunde im Kühlschrank abkühlen lassen. Dann Cremefine aufschlagen und unter den Pudding heben. Durch das Abdecken mit der Folie bekommt der Pudding keine Pelle und es gibt jetzt keine unschönen Klümpchen.

2. Den Boden einer großen Auflaufform mit einer Schicht Keksen auslegen. Dann die Hälfte der Vanillecreme darauf verteilen. Jetzt kommt nochmal eine Schicht Kekse darüber. Verstreiche den Rest der Creme darauf. Eine allerletzte Schicht Kekse bildet den Abschluss.

3. In einer Schüssel Milch, Puderzucker, Butter, Salz und Kakao für die Glasur in einer Schüssel verrühren. Auch wenn es erst nicht so aussieht: Die Zutaten verwandeln sich in eine zarte Creme, wie flüssige Schokolade.

4. Dann kommt die Creme auf die Kekse. Mit Löffel oder Teigschaber wird sie gleichmäßig verteilt. Für einige Stunden bzw. idealerweise über Nacht bleibt das Dessert im Kühlschrank.

 Das Rezept als Video:
www.leckerschmecker.me/eclair-kuchen/

EINHORN-KÄSEKUCHEN

🍳 *Zubereitung: ca. 30 Min*   🍴 *Portionen: 6 - 8*
❄ *Kühlen: 3 Std*

Dafür brauchst du:

Boden

120 g Butterkekse • 100 g geschmolzene Butter • 2 EL Zuckerkonfetti

Creme

750 g Frischkäse • 100 g Zucker • 1 EL Vanilleextrakt • 200 g Sahne •
6 Blätter Gelatine • 5 verschiedene Lebensmittelfarben

Garnierung

essbaren Glitzer • Zuckerkonfetti

So geht's:

1. Zerkrümele die Butterkekse und vermenge sie mit Butter und Zuckerkonfetti. Die Mischung gibst du auf den Boden einer Springform und drückst sie mit dem Löffel fest. Stelle den Boden kalt, damit er gut aushärten kann.

2. Um die Creme zuzubereiten, werden Frischkäse, Zucker und Vanilleextrakt gemischt. Weiche die Gelatine in Wasser ein, erhitze die Sahne und löse die weichen Blätter durch Rühren in ihr auf. Nun kannst du die Sahne zur Creme hinzufügen und untermischen.

3. Teile die Creme in fünf gleich große Portionen. Jede dieser Portionen färbst du mit einer anderen Lebensmittelfarbe ein. Jetzt gibst du die eingefärbte Creme esslöffelweise kreuz und quer auf den Keksboden. Indem du die Form ein paar Mal stark auf den Tisch klopfst, glättet sich die Creme auf der Oberfläche.

4. Garniere den Kuchen mit essbarem Glitzer und Zuckerkonfetti, bevor du ihn zum vollständigen Aushärten für ca. 3 Stunden kalt stellst.

Das Rezept als Video:
www.leckerschmecker.me/einhorn-kaesekuchen/

MAULWURFKUCHEN MIT ERDBEEREN

Zubereitung: 45 Min | Portionen: 6 - 8

Backen: 170 °C - 35 Min

Dafür brauchst du:

Teig

200 g Butter • 150 g Zucker • 4 Eier • 150 g Haselnüsse • 130 g Mehl •
60 g Kakaopulver • 2 TL Backpulver • 1 Prise Salz

Füllung

500 g Erdbeeren • 500 g Frischkäse • 200 g Sahne • 125 g Mascarpone •
50 g Zucker • 100 g Erdbeerkonfitüre

So geht's:

1. Gib alle Zutaten für den Teig in eine große Schüssel und vermische sie mit einem Handrührgerät. Den fertigen Teig füllst du in eine gefettete Springform um und backst ihn bei 170 °C für 35 Minuten.

2. Um in der Zwischenzeit die Cremefüllung zuzubereiten, werden Frischkäse, Sahne, Mascarpone und Zucker gemischt.

3. Sobald der Kuchen nach dem Backen ausgekühlt ist, löffelst du eine etwa drei Zentimeter tiefe Kuhle hinein. Der Kuchenrand bleibt dabei stehen. Die ausgekratzten Stücke zerbröselst du zu Krümeln und stellst sie beiseite.

4. Bestreiche den Grund der Kuhle mit Erdbeermarmelade. Auf diese setzt du die Erdbeeren.

5. Fülle die Kuhle mit der Creme aus, streiche sie zur Kuchenmitte hin zu einem Hügel und streue zum Schluss die Krümel darauf.

 Das Rezept als Video:
www.leckerschmecker.me/maulwurfkuchen/

HIMBEER-KOKOS-KUCHEN

⌂ Zubereitung: ca. 40 Min | Portionen: 6 - 8 | Backen: 180 °C - 40 Min ❄ Kühlen: 2 Std

Dafür brauchst du:

Belag
400 g frische Himbeeren

Teig
300 g Mehl • 200 g Butter • 100 g Puderzucker • 1 Ei • 1 Prise Salz

Creme
700 g Mascarpone • 400 g weiße Schokolade • 3 EL Kokosraspeln

Maracujacreme
250 ml Maracujasaft • ½ Packung Puddingpulver

So geht's:

1. Gib das Mehl, die Butter, den Puderzucker, das Ei sowie die Prise Salz in eine Schüssel und verknete alles zu einem Teig. Rolle den Teig auf einer bemehlten Arbeitsfläche aus und kleide mit ihm anschließend eine runde Backform aus. Stelle diese Backform dann für 40 Minuten bei 180 °C in den Ofen. Lass den Teig danach vollständig auskühlen.

2. Hacke die weiße Schokolade klein und bringe sie in einem Wasserbad zum Schmelzen. Verrühre daraufhin die Mascarpone mit der flüssig gewordenen Schokolade und den Kokosraspeln. Gib die Creme in den ausgekühlten Tortenboden und stell alles für 2 Stunden kalt.

3. Bring den Maracujasaft zum Kochen. Gib das Puddingpulver dazu, das du zuvor in einer kleinen Schüssel mit 2 EL Maracujasaft aus dem Topf angerührt hast, und lass alles unter ständigem Umrühren 2 Minuten lang kochen. Lass den Maracujapudding anschließend auskühlen.

4. Setze die Himbeeren mit der kleinen Öffnung nach oben auf den Kuchen, sodass sie ihn vollständig bedecken, und befülle sie unter Zuhilfenahme eines Spritzbeutels mit der Maracujacreme.

 Das Rezept als Video: www.leckerschmecker.me/himbeer-kokos-kuchen/

MARZIPAN-KIRSCH-TIRAMISU

🍳 Zubereitung: ca. 45 Min 🍴 Portionen: 6 - 8 ❄ Kühlen: 6 Std

Dafür brauchst du:

Kirschsoße
350 g Sauerkirschen • 1 EL Speisestärke

Mascarponecreme
500 g Mascarpone • 30 ml Amaretto • 80 g Zucker • 1 TL Vanillearoma

Kaffeemischung
150 ml Kaffee • ½ TL Lebkuchengewürz

Biskuitschichten
ca. 12 Löffelbiskuits

Marzipankartoffeln
150 g Puderzucker • 200 g gemahlene Mandeln • 2 EL Amaretto • 1 EL Kakao • 1 EL Zimt

Garnierung
Kakaopulver (nach Belieben)

So geht's:

1. Bereite zunächst die Kirschsoße zu: Dafür gießt du Sauerkirschen durch ein Sieb und fängst den Saft auf. Verrühre die Stärke mit 1 EL Kirschsaft. Erhitze den restlichen Saft und warte, bis er aufkocht. Rühre die Mischung dann ein. Lass das Ganze etwas eindicken und gib dann die Kirschen dazu.

2. Für die Mascarponecreme verrührst du Mascarpone, Amaretto, Zucker und Vanillearoma miteinander.

3. Koche für die Kaffeemischung zuerst Kaffee, mische ihn dann mit dem Lebkuchengewürz und lasse die Mischung erkalten.

4. Lege nun als erste Schicht des Tiramisus die Hälfte der Löffelbiskuits in eine Auflaufform. Gieße die Hälfte des Kaffees darauf und verteile erst die Hälfte der Mascarponecreme und dann die Kirschsoße darauf. Es folgen eine weitere Schicht Biskuit, Kaffee und Creme. Stelle die Form danach 6 Stunden kalt.

5. Der besondere Kniff des Rezeptes ist der Belag in Form von Marzipankugeln: Um diese herzustellen, verknetest du Puderzucker, Mandeln und Amaretto zu einer Marzipanmasse und formst daraus Kügelchen. Gib Kakao- und Zimtpulver in eine Schüssel und schwenke das Marzipan darin.

6. Jetzt musst du das Dessert nur noch garnieren: Belege die oberste Schicht in regelmäßigen Abständen mit den Kugeln und siebe dann je nach Belieben Kakaopulver darüber.

 Das Rezept als Video: www.leckerschmecker.me/marzipan-kirsch-tiramisu/

GALAXY-KUCHEN

⏱ *Zubereitung: ca. 60 Min* 🍴 *Portionen: 6 - 8* ▭ *Backen: 180 °C - 40 Min* ❄ *Gefrieren: 24 Std*

Dafür brauchst du:

Brownieteig

4 Eier • 150 g Puderzucker • 170 g flüssige Butter • 170 g geschmolzene Zartbitterschokolade • 140 g Mehl •
1 TL Backpulver • 1 Prise Salz

Mousse

200 g zerkleinerte Zartbitterschokolade • 700 g Sahne • 80 g Puderzucker

Glasur

300 ml Wasser • 340 g Zucker • 400 g gezuckerte Kondensmilch • 740 g zerkleinerte weiße Schokolade •
8 große Blätter eingeweichte Gelatine • Lebensmittelfarbe in Rot, Hellblau, Dunkelblau, Türkis, Rosa und Violett

Garnierung

Zuckersternchen • Glitzerzucker

So geht's:

1. Für den Brownie: Schlage Eier und Puderzucker mit einem Handrührgerät auf. Gieße dann die flüssige Butter und die Schokolade dazu und rühre alles glatt. Mixe anschließend Mehl, Backpulver und Salz unter. Fülle den Teig in eine gefettete 23er-Backform und backe ihn für 40 Minuten bei 180 °C Ober-und-Unterhitze.

2. Lass den Kuchen abkühlen und setze danach eine Schüssel (Durchmesser: ca. 20 cm) kopfüber darauf. Schneide mit einem Messer um die Schüssel herum. Das ergibt den kreisförmigen Kuchenboden.

3. Für die Mousse: Erwärme und verrühre Zartbitterschokolade und 200 g Sahne in der Schüssel, die du vorher zum Ausstechen benutzt hast. Schlage dann die restlichen 500 g Sahne mit dem Puderzucker steif, hebe sie vorsichtig unter die auf Raumtemperatur heruntergekühlte Schokoladencreme und streiche die fertige Mousse glatt. Setze den Kuchenboden darauf und stelle die Mischung für 24 Stunden ins Gefrierfach.

4. Bevor du die Glasur vorbereitest, setzt du eine mittelgroße Schüssel umgedreht in eine große Backform und stellst den gefrorenen Kuchen mit der flachen Seite nach unten darauf.

5. Für die Glasur: Erhitze und verrühre Wasser, Zucker und Kondensmilch in einem Topf. Lass die Mischung aufkochen. Nachdem du die Hitze wieder reduziert hast, gibst du die weiße Schokolade und die eingeweichte Gelatine dazu und pürierst alles.

6. Teile die Glasur anschließend auf 6 Schüsseln auf. Träufle zuerst ein paar Tropfen rote und dunkelblaue Farbe in eine der Schüsseln und verrühre sie zu einem dunklen Violett. Die restlichen Farben verrührst du so lange in den übrigen Schüsseln, bis sich jeweils eine einheitliche Farbe ergibt. Eine Schüssel bleibt ohne zusätzliche Farbe. Zum Schluss gießt du alle in einer großen Schüssel vorsichtig zusammen und fährst ein paar Mal mit einem Löffel hindurch, sodass sich die Farben etwas vermischen.

7. Gieße schließlich die Glasur über den kalten Kuchen und garniere ihn gegebenenfalls mit Zuckersternchen und Glitzerzucker. Sobald die Glasur fertig abgetropft ist, kannst du den Kuchen von der Schüssel nehmen und auf einer Platte servieren.

 Das Rezept als Video: www.leckerschmecker.me/galaxy-kuchen/

BANANENKROKETTEN

🍳 Zubereitung: ca. 25 Min   🍴 Portionen: 9

🧺 Frittieren: ca. 3 Min

Dafür brauchst du:

3 Bananen • Nutella • 100 g Mehl • 2 verquirlte Eier • 100 g Semmelbrösel •
Öl zum Frittieren • Zucker-Zimt-Mischung

So geht's:

1. Schäle die Bananen und drittle sie. Höhle beide Enden der Stücke mit einem Messer aus. In die so entstandenen Löcher gibst du Nutella.

2. Nun panierst du die Stücke, indem du sie erst in Mehl, dann in Ei und schließlich in Semmelbröseln wälzt. Achte darauf, dass die Bananenstücke gleichmäßig mit Panade umhüllt sind, sonst läuft die Füllung aus.

3. Erhitze das Öl und frittiere alle Stücke, bis sie goldbraun sind. Dann wälzt du sie dick in der Zucker-Zimt-Mischung.

 Das Rezept als Video:
www.leckerschmecker.me/bananenkroketten/

NUTELLA-ERDBEER-TORTE

Zubereitung: ca. 30 Min | Portionen: 6 - 8

❄ Kühlen: 60 Min

Dafür brauchst du:

150 g zerbröselten Zwieback • 300 g erwärmte Nuss-Nougat-Creme + weitere 3 EL davon • 750 g Frischkäse • 300 g steif geschlagene Schlagsahne • 175 g Kuvertüre • 75 g Zucker • 75 ml Milch • 1 EL Zitronensaft • 1 EL Vanillearoma • 5 EL Erdbeermarmelade • 12 Scheiben Gelatine

So geht's:

1. Mische den zerbröselten Zwieback mit der erwärmten Nuss-Nougat-Creme. (Warm ist die Creme etwas flüssiger und lässt sich leichter verarbeiten.) Den Zwieback kannst du entweder in einem Mixer zerkleinern oder indem du ihn in einen Beutel legst und mit einem Nudelholz darüberrollst. Gib die Masse auf den Boden einer Springform und streiche sie glatt.

2. Jetzt mischst du in einer großen Schüssel Frischkäse, Zucker, Milch, Zitronensaft und Vanillearoma. Dann kannst du die Schlagsahne unterheben.

3. Die Frischkäsemasse teilst du in drei Portionen auf: In die erste gibst du 3 EL Nuss-Nougat-Creme, in die zweite Portion 5 EL Erdbeermarmelade. Die dritte Portion bleibt ohne weitere Zutaten. Nun fügst du zu jeder der drei Portionen jeweils vier aufgelöste Scheiben Gelatine hinzu.

4. Du näherst dich dem Finale, denn als Nächstes wird geschichtet. Zuerst gibst du die Portion, die Nutella enthält, auf den Boden, dann die Erdbeer-Portion, zum Schluss die Sahne-Portion. Zwischen jeder neuen Schicht stellst du die Torte allerdings für 20 Minuten in den Kühlschrank, um zu verhindern, dass sich die Schichten verbinden.

5. Sobald alle Schichten vollständig ausgehärtet sind, löst du die Torte aus der Springform, schmilzt die Kuvertüre ein und gibst diese obendrauf. Lass die Kuvertüre vor dem Servieren aushärten.

 Das Rezept als Video:
www.leckerschmecker.me/nutella-erdbeer-torte/

TIRAMISU IN DER FLASCHE

🍳 Zubereitung: ca. 30 Min   🍴 Portionen: 6 - 8

❄ Gefrieren: 3 Std

Dafür brauchst du:

500 g Vollmilchschokolade, geschmolzen • 250 g Mascarpone • 250 ml Sahne •
200 g Himbeeren • 200 ml schwarzen Kaffee • 6 Löffelbiskuits • 2 Eier •
50 g Zucker • 2 Plastikflaschen

So geht's:

1. Trenne die Eigelbe von den Eiweißen, vermische die Eigelbe mit dem Mascarpone und dem Zucker und verrühre alles so lange, bis es schön cremig ist.

2. Nun schlägst du mit einem Handrührgerät die Eiweiße und die Sahne steif und hebst beides vorsichtig unter die Mascarponecreme.

3. Schneide zwei gut gespülte Plastikflaschen in der Mitte durch. Anschließend schneidest du sie noch einmal der Länge nach durch (aber nicht mittig, sondern etwa im Maß ⅓ zu ⅔) und schiebst die beiden Teile zusammen. Nun hast du deine Form, die an einen Schiffsrumpf erinnert.

4. In diese Form füllst du die Hälfte der Mascarpone-Eiweiß-Creme und gibst die Himbeeren in die Mitte.

5. Tunke die Löffelbiskuits in den Kaffee und lege sie auf die Himbeeren.

6. Jetzt kommt die restliche Creme darauf. Zum Schluss kannst du noch einmal vier Löffelbiskuits obendrauf legen und die Längsseiten mit Himbeeren anfüllen.

7. Im Anschluss kommt dein kulinarisches Kunstwerk für 3 Stunden in den Gefrierschrank, damit alles gut durchziehen kann. Vor dem Servieren löst du das Tiramisu vorsichtig aus der Form.

8. Übergieße dein Tiramisu mit der geschmolzenen Schokolade. Nach Belieben kannst du es auch noch mit Himbeeren und Puderzucker garnieren.

 Das Rezept als Video:
www.leckerschmecker.me/tiramisu-in-der-flasche/

KUNTERBUNTE EISBOMBE

🍳 Zubereitung: ca. 60 Min 🍴 Portionen: 6 - 8

❄ Gefrieren: ca. 12 Std

Dafür brauchst du:

1 l Vanilleeis • 800 ml Erdbeereis • 500 ml Pistazieneis • 130 g Oreo-Kekse •
75 g geschmolzene Butter • 100 g geschmolzene Schokolade

So geht's:

1. Fülle eine große Schüssel mit dem Vanilleeis. Decke eine zweite, kleinere Schüssel von außen mit Frischhaltefolie ab. Drücke die kleine Schüssel nun in die große, bis die Eiscreme bis zum Rand hinaufquillt. Ist die Eiscreme leicht angetaut, geht es besser. Nun frierst du beide Schüsseln kurz ein.

2. Entferne die kleine Schüssel samt Frischhaltefolie. Dann gibst du das Erdbeereis in die entstandene Mulde und drückst es mit einer noch kleineren, in Frischhaltefolie gewickelten Schüssel fest an den Rand der Vanilleeiscreme. So wird die Masse erneut eingefroren.

3. Entferne die innere Schüssel erneut, fülle die Mulde mit Pistazieneis und friere alles noch einmal ein.

4. Zerkleinere die Kekse und mische sie mit Butter. Löffle die Keksmasse auf das Eis und friere dieses über Nacht ein.

5. Zum Schluss drehst du das Eis kopfüber und entfernst die Schüssel. Lass die geschmolzene Schokolade darüber laufen und serviere die Eisbombe, sobald die Schokolade ausgehärtet ist.

 Das Rezept als Video:
www.leckerschmecker.me/kunterbunte-eisbombe/

MILCHSCHNITTEN-TIRAMISU

Zubereitung: ca. 25 Min | Portionen: 6 - 8

❄ Kühlen: 2 Std

Dafür brauchst du:

24 Milchschnitten • 400 g Mascarpone • 200 ml geschlagene Sahne • 2 Eigelb •
2 EL Zucker • 1 EL Vanillearoma • 1 Orange • Kakaopulver

So geht's:

1. Als Erstes schlägst du Eigelb und Zucker in einer großen Schüssel zu einer festen Creme.

2. Zu dieser gibst du Vanillearoma, Mascarpone und die steif geschlagene Sahne. Schon ist deine Cremefüllung fertig!

3. Hole dann die Milchschnitten aus ihrer Verpackung und lege 12 Stück auf den Boden einer Auflaufform. Beträufele die Schnitten mit dem Saft einer halben Orange und gib die Hälfte der Cremefüllung auf die Schnitten.

4. Darauf folgen eine weitere Schicht aus den übrigen 12 Milchschnitten, über die du den Saft der anderen halben Orange auspresst, und eine letzte Schicht aus Creme.

5. Damit die Schnittchen aber wirklich perfekt aussehen, berieselst du sie noch mit einer dicken Schicht aus Kakaopulver und verzierst sie mit filetierten Orangenschnitzen. Vor dem Anschneiden geht es noch für 2 Stunden in den Kühlschrank, dann hat das Tiramisu die perfekte Konsistenz.

 Das Rezept als Video:
www.leckerschmecker.me/milchschnitten-dessert/

SPIEGEL-TORTE

 Zubereitung: ca. 60 Min | Portionen: 6 - 8 | Backen: 170 °C - 30-40 Min

Dafür brauchst du:

Biskuitteig

4 Eier • 250 g Zucker • 200 g Mehl • 1 Prise Salz • 1 EL Vanillearoma • ½ TL Backpulver

Mousse

750 ml Milch • 9 Blatt eingeweichte Gelatine • 450 g zerkleinerte, weiße Schokolade • 360 g steif geschlagene Sahne

Glasur

340 g Zucker • 300 ml Wasser • 400 g Kondensmilch • 10 Blatt Gelatine • 740 g gehackte, weiße Schokolade • weiße und rote Lebensmittelfarbe

Außerdem

200 g Erdbeermarmelade

So geht's:

1. Schlage für den Biskuitteig Eier und Zucker mit einem Handrührgerät schaumig auf. Nun füge Mehl, Salz, Vanillearoma und Backpulver hinzu und rühre die Zutaten zu einem glatten Teig. Backe den Boden in einer Springform für 30 bis 40 Minuten bei 170 °C Ober-und-Unterhitze.

2. Löse den fertigen Biskuit aus der Springform und schneide ihn in zwei gleich dicke Scheiben.

3. Erhitze die Milch und löse in ihr die eingeweichten Gelatineblätter unter Rühren auf. Gib dann die Schokolade hinzu und lasse sie unter gelegentlichem Rühren schmelzen. Dann nimmst du den Topf von der Kochstelle. Fülle die Milch in eine Schüssel um und hebe die Schlagsahne unter, wenn die Milch abgekühlt ist. Dann füllst du eine Springform mit der Hälfte der Mousse.

4. Fülle eine weitere Springform mit der Erdbeermarmelade auf, lege eine Biskuitscheibe darauf und stelle die Form kalt, am besten im Tiefkühlschrank. Löse dann den Biskuit mit Marmelade aus der Form und lege ihn mit der Marmeladenseite auf die Mousse.

5. Verteile die übrige Mousse auf dem Biskuit und setze darauf den zweiten Biskuitboden. Ist die Mousse fest geworden, löse den Kuchen aus der Form und stelle ihn kopfüber (mit der Creme nach oben) erhöht auf den Boden einiger Gläser, welche wiederum auf einem Backblech platziert sind. Diese Konstruktion brauchst du, um dem Kuchen eine perfekte Glasur zu geben.

6. Koche für die Glasur Zucker, Wasser und Kondensmilch miteinander auf. Weiche die Gelatineblätter in Wasser auf und rühre sie dann unter die warme Mischung. Nun gieße diese auf die weiße Schokolade und verarbeite die Zutaten mit einem Pürierstab zu einer glatten Masse. Diese teilst du auf drei Portionen auf. Dabei gießt du die Masse durch ein feines Sieb, um zurückgebliebene Schokoladenstücke herauszufiltern. Färbe die drei Portionen wie folgt: weiß, rot, rosa (mit weißer und roter Lebensmittelfarbe).

7. Fülle die eingefärbten Schokoladenmassen nun in einer beliebigen Reihenfolge in ein großes Gefäß. Ziehe ein Holzstäbchen mehrmals durch die Masse, dabei entsteht eine Marmorierung. Gieße danach die Masse in kreisförmigen Bewegungen von der Mitte ausgehend auf den Kuchen. Überschüssige Glasur läuft an den Rändern hinab und wird vom Backblech aufgefangen.

 Das Rezept als Video: www.leckerschmecker.me/spiegeltorte/

PYRAMIDEN-KIRSCHKUCHEN

🍽 Zubereitung: ca. 60 Min 🍴 Portionen: 6 - 8 🥖 Backen: 180 °C - 15 Min ❄ Kühlen: mindestens 4 Std

Dafür brauchst du:

Teig

190 g weiche Butter • 400 g Mehl • 180 g Zucker • 190 g Sauerrahm • Mehl für die Arbeitsfläche •
verquirltes Ei zum Bestreichen

Füllung

700 g Sauerkirschen (abgetropft und entsteint)

Creme

500 g Sauerrahm • 100 g Puderzucker

Garnierung

150 g Zartbitterschokolade

So geht's:

1. Verknete die Butter mit dem Mehl, dem Zucker und 190 g Sauerrahm mit einem Handrührgerät zu einem Teig. Dieser wird nun 30 Minuten kalt gestellt.

2. Nun teilst du den Teig in 15 Stücke, die du auf einer bemehlten Arbeitsfläche mit einem Nudelholz auswalzt und dann jeweils mit einem Messer in eine rechteckige Form schneidest. Die Richtgröße für die Rechtecke ist 21 x 7 cm.

3. Auf jedes der ausgerollten Stücke legst du längs eine Reihe Kirschen nebeneinander. Platziere sie eher mittig, sodass du den Rand leicht greifen und damit die Teigrechtecke aufrollen kannst.

4. Alle 15 Kirschrollen kommen nun auf ein mit Backpapier ausgelegtes Backblech und werden mit Ei bestrichen. Anschließend werden sie für ca. 15 Minuten bei 180 °C gebacken. Lasse die fertigen Rollen danach vollständig auskühlen.

5. Verrühre für die Creme nun die restlichen 500 g Sauerrahm mit dem Puderzucker.

6. Jetzt geht es ans Bauwerk an sich. Setze den Kuchen wie folgt zusammen: Lege zunächst 5 Rollen nebeneinander und verteile Creme darauf. Dann legst du versetzt 4 Rollen darauf und verstreichst wieder ein wenig Creme obendrauf. Wiederhole den Schritt mit den nächsten drei, zwei sowie der letzten Rolle, die die Spitze der Pyramide bildet. Verteile nun noch die restliche Creme gleichmäßig um die Spitze herum sowie an den Seiten des Gebildes. Stelle den Kuchen nun mindestens 4 Stunden, am besten aber einen Tag lang, kalt.

7. Nun reibe die Schokolade über dein Werk, sodass eine gleichmäßige Schokoladenraspelschicht entsteht.

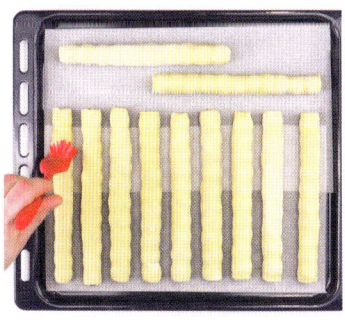

 Das Rezept als Video: www.leckerschmecker.me/pyramidenkuchen/

SPAGHETTI-TORTE

🧑‍🍳 Zubereitung: ca. 30 Min 🍴 Portionen: 6 - 8

❄ Kühlen: 4 Std

Dafür brauchst du:

500 g Quark • 500 ml Milch • 300 g geschlagene Sahne • 250 g Löffelbiskuit •
200 g Erdbeeren • 150 g geschmolzene Butter • 40 g Zucker •
1 Packung Puddingpulver • 2 EL Erdbeersoße • 1 TL Vanillearoma

So geht's:

1. Zerbrösle die Löffelbiskuits und mische die Krümel mit der flüssigen Butter. Diese Masse gibst du auf den Boden einer Springform und drückst sie mit einem Löffel fest.

2. Lege einige Erdbeeren zum späteren Dekorieren beiseite. Den Rest der Früchte schneidest du klein und hebst sie unter den Quark. Zu diesem fügst du außerdem Vanillearoma und Sahne hinzu.

3. Wenn die Creme gut gemischt ist, gib sie auf den Löffelbiskuitboden.

4. Gib die Milch in einen Topf, erhitze sie und füge Zucker hinzu. Vermenge das Puddingpulver mit einigen Löffeln warmer Milch, gib es dann in den Topf und koche den Pudding zu Ende. Fülle den Pudding anschließend in einen Spritzbeutel um und drücke ihn in dünnen „Spaghetti" auf die Quarkcreme.

5. Zum Garnieren legst du halbierte Erdbeeren um die Puddingspaghetti herum und tröpfelst außerdem die Erdbeersoße auf sie. Vor dem Servieren wird die Torte 4 Stunden kalt gestellt.

 Das Rezept als Video:
www.leckerschmecker.me/suesse-spaghettitorte/

BANANENKUCHEN MIT BUTTERCREME

Zubereitung: 25 Min | Portionen: 8 - 10

Backen: 180 °C - 17 Min

Dafür brauchst du:

300 g Mehl • 250 g Zucker • 100 ml Pflanzenöl • 100 g Crème fraîche •
100 g Frischkäse • 120 g Puderzucker • 5 Bananen • 3 Eier • 12 g Backpulver •
50 g Butter • 1 TL Vanillearoma • Schokoladenstreusel

So geht's:

1. Schäle vier Bananen, gib sie in eine Schüssel und zerdrücke sie mit einer Gabel.

2. Für den Teig kommen Eier, Zucker und Pflanzenöl gemeinsam in eine Schüssel und werden schaumig aufgeschlagen. Füge unter stetigem Rühren die Crème fraîche zu, dann Mehl, Bananenmus und Backpulver. Gib den Teig in eine Kuchen- oder Auflaufform und backe ihn bei 180 °C für 17 Minuten.

3. Nun geht es an die Buttercreme. Für diese mische Butter, Frischkäse, Puderzucker und Vanillearoma.

4. Streiche die Creme auf den Kuchen und garniere ihn mit der verbliebenen Banane, die du in Scheiben schneidest. Einige Schokoladenstreusel obendrauf vollenden das Werk.

 Das Rezept als Video:
www.leckerschmecker.me/bananenkuchen-mit-buttercreme/

ERDBEERKUPPELTORTE

🍳 Zubereitung: ca. 40 Min | 🍴 Portionen: 6 - 8 | ♨ Backen: 180 °C - 15 Min | ❄ Kühlen: ca. 12 Std

Dafür brauchst du:

Mousse

1 kg Erdbeeren • 750 g Frischkäse • 300 g steif geschlagene Schlagsahne • 300 g Gelatine • 150 g Puderzucker •
1 TL Vanillearoma • 1 EL Zitronensaft

Biskuitteig

3 Eier • 75 g Zucker • 25 g Mandelmehl • 75 g Weizenmehl • 1 Prise Salz

Garnierung

250 g halbierte Erdbeeren

So geht's:

1. Lege eine große Schüssel (etwa 22 cm Durchmesser) zuerst mit Klarsichtfolie aus und anschließend möglichst dicht mit ca. 750 g Erdbeeren, die zuvor halbiert wurden.

2. Püriere die restlichen Erdbeeren zusammen mit dem Zitronensaft in einer weiteren großen Schüssel.

3. Erwärme nun etwas Wasser in einem Topf und löse darin die Gelatine bei schwacher Hitze auf. Nimm dann den Topf vom Herd und rühre 2 EL der pürierten Erdbeeren in das Gelatinewasser.

4. Gieße dieses Gemisch zum restlichen Erdbeerpüree und gib Puderzucker, Vanillearoma, Frischkäse und die Sahne hinzu. Verrühre die Zutaten so lange, bis eine ebenmäßige Creme entsteht. Verteile diese danach in der Schüssel mit den Erdbeeren und der Frischhaltefolie.

5. Nun kommt der Biskuitteig an die Reihe: Rühre zuerst Eier und Zucker mit dem Handrührgerät schaumig, bis die Masse fast weiß ist. Hebe dann die zwei Mehlsorten und das Salz unter und verarbeite alles zu einem glatten Teig. Fülle den Teig anschließend in eine gefettete Springform (etwa 18,5 cm Durchmesser) und backe ihn für 15 Minuten bei 180 °C.

6. Löse den erkalteten Kuchenboden aus der Form und setze ihn auf die Mousse in der Schüssel. Stelle sie nun für ca. 12 Stunden kalt.

7. Stürze die Torte zuletzt vorsichtig auf eine große Kuchenplatte und drapiere halbierte Erdbeeren um die fruchtige Kuppel herum.

Das Rezept als Video: www.leckerschmecker.me/erdbeerkuppeltorte/

SCHOKOPÜNKTCHEN-KÄSEKUCHEN

🍳 Zubereitung: ca. 30 Min 🍴 Portionen: 6 - 8

▭ Backen: 150 °C - 60 Min + 60 Min abkühlen

Dafür brauchst du:

Boden

300 g Butterkekse • 200 g flüssige Butter • 4 EL Backkakao

Belag

900 g Frischkäse • 400 g Schmand • 130 g Zucker • 120 g flüssige Schokolade •
4 Eier • 2 EL Vanilleextrakt

So geht's:

1. Zerkleinere die Butterkekse, zum Beispiel im Mixer oder indem du mit einem Nudelholz über sie rollst, und mische die feinen Krümel mit dem Backkakao. Nun gibst du die flüssige Butter hinzu und verarbeitest die Zutaten zu einem Teig.

2. Wer mag, kleidet eine Springform mit Backpapier aus. So wird auch die Gefahr vermindert, dass der Käsekuchen beim Backen unschön reißt. Dann wird der Krümelteig gleichmäßig auf dem Boden der Form verteilt. Anschließend stellst du den Teig kalt.

3. Nun mischst du Frischkäse, Schmand, Zucker und Vanilleextrakt. Am Ende fügst du die Eier hinzu und verrührst alles zu einer glatten Masse.

4. Von dieser nimmst du 12 EL ab, mischst diese mit der flüssigen Schokolade und gibst sie in einen Spritzbeutel.

5. Den übrigen Teig gießt du auf den erkalteten Keksboden. Um die Schokotupfen aufzubringen, drückst du den Spritzbeutel bis auf den Boden des Teigs. Während du Schokoteig herausdrückst, ziehst du den Spritzbeutel nach oben. Nach diesem Prinzip schmückst du die Oberfläche mit versetzten Punkten.

6. Schließlich backst du den Kuchen bei 150 °C Ober- und Unterhitze für 60 Minuten. Nach Ablauf dieser Zeit schaltest du den Ofen aus und belässt den Kuchen für eine weitere Stunde im Ofen.

 Das Rezept als Video:
www.leckerschmecker.me/puenktchen-kuchen/

KNUSPRIGE ERDBEERRÖLLCHEN

Zubereitung: ca. 30 Min | *Portionen: 6*

Backen: 180 °C - 15 Min

Dafür brauchst du:

1 Rolle Blätterteig • 200 g Mascarpone • 100 g Sahne •
100 g frische, klein gewürfelte Erdbeeren • 75 g Mandelkrokant • 20 g Puderzucker •
1 EL Vanillearoma • 1 verquirltes Ei

So geht's:

1. Schneide den Blätterteig längs in 12 gleich breite Streifen.

2. Als Nächstes benötigst du Papierrohlinge. Um diese herzustellen, schlage ein kleines Stück Schreibpapier (Größe: etwa DIN A6) in Backpapier ein. Rolle die beiden Papiere zusammen und schlage die überstehenden Ränder des Backpapiers an beiden Enden nach innen ein. Um diese Papierzylinder herum wickelst du je zwei Teigstreifen. Achte darauf, dass sich der Teig etwas überlappt. Er sollte wie eine Spirale aussehen.

3. Lege die Teigspiralen auf ein Backblech und bepinsle sie mit Ei. Bei 180 °C werden sie für 15 Minuten gebacken. Nach dem Backen ziehst du die Papierrohlinge behutsam aus den Teigröllchen heraus. Achte darauf, den Blätterteig nicht zu brechen.

4. Für die Füllung verrühre Mascarpone, Sahne, Puderzucker und Vanillearoma zu einer Creme. Zum Schluss hebst du vorsichtig die Erdbeeren unter.

5. Fülle die Masse in einen Spritzbeutel um und befülle die Röllchen. Wenn du die Spitze des Beutels so tief wie möglich in die Röllchen schiebst und sie beim Drücken langsam herausziehst, werden sie gleichmäßig befüllt. Wiederhole den Schritt, um die Rollen auch vom anderen Ende aus zu befüllen.

6. Zum Schluss tauchst du die Enden der Rollen kurz in den Mandelkrokant.

 Das Rezept als Video:
www.leckerschmecker.me/erdbeerroellchen/

RUSSISCHER KIRSCHKUCHEN

🍳 Zubereitung: ca. 30 Min 🍴 Portionen: 6 - 8

📄 Backen: 180 °C - 35 Min

Dafür brauchst du:

500 g entsteinte Kirschen • 450 g Mehl • 200 g weiche Butter • 250 g Joghurt •
100 g Zucker, zusätzlich noch etwas Zucker zum Bestreuen •
1 Päckchen Backpulver • 1 TL Vanilleextrakt • Butter zum Fetten • Puderzucker

So geht's:

1. Mische als Erstes Mehl, Zucker, Butter, Backpulver und Vanilleextrakt. Gib am Ende den Joghurt hinzu, mit dem du den Teig zu einer glatten, festen Masse verknetest.

2. Bemehle deine Arbeitsfläche und rolle den Teig zu einem etwa 30 x 40 cm großen Rechteck aus.

3. Jetzt schneidest du den Teig in vier gleich breite Streifen. Markiere die Abstände vorher vorsichtig, indem du ein Messer sachte, ohne zu schneiden, über den Teig ziehst.

4. Auf die Mitte der vier Streifen legst du in Längsrichtung die Kirschen und bestreust sie zusätzlich mit etwas Zucker.

5. Nun formst du die Teigstreifen ebenfalls der Länge nach zu Rollen. Die Kirschen befinden sich nun in ihrem Inneren.

6. Fette eine Springform mit Butter ein und lege die Teigrollen schneckenförmig von außen nach innen in die Form.

7. Nun muss der Rollenkuchen nur noch bei 180 °C für 35 Minuten im vorgeheizten Ofen gebacken werden.

8. Nach dem Backen bestreust du den Kuchen mit einer Schicht Puderzucker.

 Das Rezept als Video:
www.leckerschmecker.me/russischer-kirschkuchen/

APFEL-ROSEN-TARTE

Zubereitung: ca. 45 Min | Portionen: 6 - 8

Backen: 160 °C - 25 Min

Dafür brauchst du:

Teig

250 g Mehl • 120 g Butter • 100 g Zucker • 60 g gemahlene Pekannüsse • 1 Ei

Füllung

mehrere Äpfel • 500 ml Milch • 200 ml Orangensaft •
200 g geschmolzene Butter • 40 g Zucker • 1 Packung Vanille-Puddingpulver •
2 EL Erdbeerkonfitüre

So geht's:

1. Verknete Mehl, Pekannüsse, Butter, Ei und Zucker zu einem Teig. Forme ihn zu einer Kugel und breite ihn sorgfältig in einer Tarteform aus.

2. Stich den Boden mit einer Gabel gleichmäßig ein, ehe der Teig bei 160 °C für 25 Minuten gebacken wird. Die Löcher im Boden sorgen dafür, dass Luft unter dem Teig entweichen kann, und helfen dabei, ihn gleichmäßig zu backen.

3. Erhitze derweil Milch und Zucker, rühre einige Löffel davon unter das Puddingpulver und füge dieses dann zur restlichen Milch. Unter Rühren kochst du den Pudding auf, bis er eingedickt ist.

4. Als Nächstes bestreichst du den fertiggebackenen Boden mit Erdbeerkonfitüre. Darauf verteilst du den Pudding.

5. Schneide mehrere ungekühlte Äpfel in möglichst dünne Scheiben. Diese gibst du mitsamt dem Orangensaft und der Butter in eine große Schüssel. Die Mischung macht die Scheiben flexibel, damit sie beim späteren Rollen nicht brechen. Gleichzeitig bleibt aber das strahlende Rot der Schale erhalten, weil keine Hitze zum Einsatz kommt.

6. Streife überschüssiges Fett von den Apfelscheiben und rolle mehrere von ihnen zu Rosen in deiner gewünschten Größe auf. Diese drückst du in den Pudding, bis die gesamte Tarte bedeckt ist.

 Das Rezept als Video:
www.leckerschmecker.me/apfelrosentarte/

APRIKOSEN-BIENEN-KUCHEN

 Zubereitung: ca. 40 Min Portionen: 20 ☐ Backen: 180 °C - 15 Min ❄ Kühlen: ca. 4 Std

Dafür brauchst du:

Biskuitteig

130 g Mehl • 200 g Zucker • 100 g Pflanzenöl • 4 Eigelb • 6 geschlagene Eiweiß • 60 ml Wasser • 1 TL Backpulver

Puddingcreme

500 ml Milch • 600 g Schmand • 2 Packungen Vanillepudding • 80 g Zucker

Glasur

500 g Aprikosenmarmelade • 150 ml Wasser • 6 Blatt Gelatine

Dekoration

20 halbierte Aprikosen aus der Dose • 50 g geschmolzene Zartbitterkuvertüre •
15 g geschmolzene weiße Kuvertüre • gehobelte Mandeln

So geht's:

1. Für den Biskuitboden: Mische zunächst die trockenen Zutaten und schlage diese anschließend mit Öl, Wasser und Eigelb mit einem Handrührgerät schaumig. Hebe nun vorsichtig das geschlagene Eiweiß unter. Verteile den Teig in einem tiefen Backblech, streiche ihn glatt und backe ihn 15 Minuten bei 180 °C Ober-und-Unterhitze.

2. Für die Puddingcreme: Bevor du die Milch in einem Topf erhitzt, nimm ein paar Löffel davon ab und verrühre sie mit dem Puddingpulver und dem Zucker. Rühre diese Mischung mit einem Schneebesen in die Milch ein, ehe sie zu kochen beginnt. Rühre so lange weiter, bis sich eine sämige Konsistenz ergibt. Fülle sie in eine Schüssel und verrühre sie mit einem Handrührgerät sorgfältig mit dem Schmand. Die Creme verteilst du anschließend ebenmäßig auf dem ausgekühlten Biskuit.

3. Für die Glasur: Verrühre Marmelade und Wasser bei schwacher Hitze in einem Topf und rühre die Gelatine unter. Verteile die Marmeladenmischung danach auf der abgekühlten Puddingcreme.

4. Für die Dekoration: Lege dafür zunächst die Aprikosenhälften mit der flachen Seite nach unten auf eine mit Backpapier ausgelegte Arbeitsfläche. Fülle dann die flüssige dunkle Kuvertüre in einen Einwegspritzbeutel und schneide die Spitze möglichst kurz ab, sodass du damit präzise arbeiten kannst. Spritze damit die dunklen Streifen auf die Aprikosen.

5. Tauche den Löffelrücken in die Kuvertüre und mache damit einen kleinen Klecks vor die Querstreifen, damit das Bienchen auch ein Gesicht bekommt. Für die Augen tauchst du nun das stumpfe Ende eines Schaschlikspießes in die weiße Kuvertüre und machst damit nebeneinander zwei Tupfer auf die obere Hälfte der dunklen, inzwischen fest gewordenen Schokolade. Als i-Tüpfelchen für die Augen tauchst du jetzt das spitze Spießende in die dunkle Kuvertüre. Wenn du damit behutsam Mini-Tupfer auf die weißen Tupfer machst, erhält das Tierchen sogar Pupillen. Mache hinter dem ersten Schokoladenstreifen über den Augen mittig einen kleinen Einschnitt mit einem Messer und setze die zwei Mandelblättchen als Fühler hinein.

6. Verteile die dekorierten Aprikosen auf der Glasur und stelle den Kuchen kalt.

 Das Rezept als Video: www.leckerschmecker.me/aprikosen-bienen-kuchen/

LÖFFELBISKUIT-TORTE

Zubereitung: ca. 30 Min *Portionen: 6 - 8*

❄ *Kühlen: 3 Std*

Dafür brauchst du:

600 g frische Himbeeren • 400 g Mascarpone • 250 ml Sahne •
200 g Puderzucker • 250 g frische Heidelbeeren • 100 ml Orangensaft •
24 Löffelbiskuits • 1 TL Vanilleextrakt

So geht's:

1. Gib die Himbeeren mit 80 g Puderzucker und dem Orangensaft in eine große Schüssel und zerdrücke sie leicht mit einer Gabel.

2. Um die Creme zuzubereiten, verrühre Mascarpone, 120 g Puderzucker, Vanilleextrakt und Sahne mit einem Handrührgerät.

3. Bereite eine Springform vor, indem du Boden und Rand mit passenden Stücken Backpapier bedeckst. Auf diese Weise lässt sich die Torte später unversehrt aus der Form holen.

4. Nun bedecke den Boden der Form mit einer Schicht Löffelbiskuits. Brichst du sie in der Mitte, lassen sie sich besser anordnen.

5. Verteile die Hälfte der Himbeermasse auf den Löffelbiskuits. Auf diese gibst du die Hälfte der Mascarponecreme. Es folgen je eine weitere Schicht Löffelbiskuits, Himbeeren und Mascarpone.

6. Bedecke die Mascarponeschicht mit in Ringen angeordneten Blaubeeren und stelle die Torte für 3 Stunden kalt, bevor du sie aus der Springform löst und servierst.

 Das Rezept als Video:
www.leckerschmecker.me/loeffelbiskuit-torte/

Ju   Marco   Gregor   Quan   Niklas

Joana   Patrick   Lara   Josch   Giacomo

Olli   Sarah   Cristina   Olli   Hannes

Isabell   Steven   Juliana   Julia   Michell

Das Leckerschmecker-Team:

Projektleitung:
Joana Cidade
Marco Ogrzewalla
Patrick Piel

Kamera/Cutter:
Joscha Durand
Giacomo Merchich
Quan Tran
Niklas Thelen
Oliver Taranczewski
Ju Yong Kim
Michell Domschke
Oliver Fröhlich

Cutter:
Steven Peschke
Julia Falero

Rezeptrecherche:
Juliana Guarany da Cunha Santos

Rezeptassistenz:
Sarah Heitzler
Isabell Griesert

Köche:
Gregor Brühs
Oliver Stilla
Cristina Renz
Hannes Tschoep

Das Buch-Team:

Projektleitung:
Paul McCormick

Design & Layout:
Lara Nelles

Text und Lektorat:
Paul McCormick
Alexander Schölch
Martin Breit
Christoph Beck

www.leckerschmecker.me

- facebook.com/leckerschmecker.me
- instagram.com/leckerschmecker.me
- pinterest.de/leckerschmecker
- youtube.com/leckerschmecker

Copyright © Media Partisans 2018
Media Partisans GmbH
Berliner Str. 89
14467 Potsdam
ISBN: 978-3-9819299-5-9